The Bilingual Revolution Series

TBR Books

A Program of The Center for the Advancement of
Languages, Education, and Communities (CALEC)

Nuestros libros en ingles

The Gift of Languages: Paradigm Shift in U.S. Foreign Language
Education by Fabrice Jaumont and Kathleen Stein-Smith

Two Centuries of French Education in New York: The Role of
Schools in Cultural Diplomacy by Jane Flatau Ross

The Clarks of Willsborough Point: The Long Trek North by Darcey
Hale

The Bilingual Revolution: The Future of Education is in Two
Languages by Fabrice Jaumont

Nuestros libros en traducción

Die bilinguale Revolution: Die Zukunft der Bildung liegt in zwei
Sprachen by Fabrice Jaumont

La revolución bilingüe: El futuro de la educación está en dos
idiomas by Fabrice Jaumont

ДВУЯЗЫЧНАЯ РЕВОЛЮЦИЯ: БУДУЩЕЕ ОБРАЗОВАНИЯ НА
ДВУХ ЯЗЫКАХ by Фабрис Жомон

La Révolution bilingue: Le futur de l'éducation s'écrit en deux
langues by Fabrice Jaumont

Próximas publicaciones

چومون فابريس بلغتين يُكتب التعليم مستقبل اللغة ثنائية الثورة

双语革命 双语革命：两种语言铸就教育的未来 by Fabrice
Jaumont

Rewolucja Dwujęzyczna : Przyszłość edukacji jest w dwóch
językach by Fabrice Jaumont

バイリンガル革命の日本語訳出版の支援をお願いします by
ファブリース＝ジュモン氏は、

La Rivoluzione Bilingue by Fabrice Jaumont

LA REVOLUCIÓN BILINGÜE

EL FUTURO DE LA EDUCACIÓN ESTÁ EN DOS IDIOMAS

Fabrice Jaumont

Prólogo de Ofelia García

Traducido por Renata Somar y Diana Limongi

TBR Books
Brooklyn, Nueva York

TBR Books
146 Norman Avenue
Brooklyn, New York
www.tbr-books.com

TBR Books es un programa de Center for the Advancement of Languages, Education and Communities. Publicamos a investigadores y profesionales que buscan involucrar a diversas comunidades en temas relacionados con la educación, los idiomas, la historia cultural y las iniciativas sociales.

Para información sobre descuentos especiales y compras al mayoreo, contacte a TBR Books – contact@tbr-books.com

Ilustración portada © 2018 Raymond Verdaguer
Portada del libro © 2018 Nathalie Charles
Foto tapa posterior © 2017 Jonás Cuénin

La revolución bilingüe / Fabrice Jaumont. – primera edición
ISBN 978-1-947626-07-2 (tapa blanda)
ISBN 978-1-947626-14-0 (versión electrónica)
La Librería del Congreso ha catalogado la edición de pasta dura de TBR Books de la manera siguiente:

Jaumont, Fabrice
The Bilingual Revolution: The Future of Education is in Two Languages / Fabrice Jaumont
Incluye referencias biográficas e índice
Librería del Congreso Número de control 2017949229

«*El multilingüismo ya no es un lujo que se ofrezca sólo a los ricos o los pocos afortunados que pueden participar en programas bilingües; es una habilidad fundamental del siglo XXI que los niños necesitarán para ser exitosos en su futuro trabajo y en la vida. En muchos sentidos, la revolución bilingüe de Jaumont nivela el campo de juego al ofrecer varios modelos de programas de idiomas y las mejores prácticas, al mismo tiempo que desmitifica el aprendizaje de idiomas para que los padres y educadores tengan un plan viable para iniciar su propia "revolución". La revolución bilingüe es una lectura obligada para cualquier padre que quiera asegurarse de que su hijo esté listo para la fuerza laboral y para el mundo.*»
—Angela Jackson, fundadora de Global Language Project

«*El libro de Jaumont está en el borde de la naciente revolución bilingüe que se extiende en el sistema escolar de Estados Unidos, y se pregunta de qué manera se le podría mejorar y alentar. Jaumont describe el creciente entusiasmo del país por la educación multilingüe y ofrece un plan para las comunidades que quieran unirse al movimiento.*»
—Conor Williams, PhD
Investigador de New America's Education Policy Program; fundador de DLL National Work Group

«*Desde una perspectiva personal y académica, este maravilloso libro narra la historia de la educación bilingüe en Estados Unidos y describe las fuerzas sociales que modelaron su trayectoria. La parte central es un manual para que el lector establezca su propia escuela bilingüe y para que de esa manera inicie su propia revolución. Recomendable para padres, maestros y cualquier persona que considere que las lenguas son importantes.*»
—Ellen Bialystok, OC, PhD, FRSC,
Distinguida profesora e investigadora, Cátedra de investigación Walter Gordon York de la Duración del Desarrollo Cognitivo, Universidad de York

«Fabrice Jaumont teje las historias personales, políticas y de las comunidades del creciente movimiento bilingüe en un libro vital y persuasivo que entrelaza las narraciones con la práctica y la ciencia de la educación bilingüe. Esta obra maestra será indispensable para padres y líderes de la educación en Estados Unidos y el extranjero.»

—William P. Rivers, Ph.D
Director ejecutivo de Joint National Committee for Languages,
National Council for Language and International Studies

«En esta era cada vez más interconectada, miniaturizada y frágil, todo mundo está tratando de equipar a los jóvenes con las habilidades, las aptitudes y la sensibilidad necesarias para que se desarrollen como ciudadanos autónomos, comprometidos y productivos. La enseñanza y el aprendizaje de las lenguas, y el cultivo de la llamada ventaja bilingüe resurgen con gran vigor en las escuelas grandes y pequeñas de todo Estados Unidos. Parece que en todas partes los padres y los maestros están buscando el punto justo de la enseñanza y el aprendizaje bilingüe. No busquen más: La revolución bilingüe es su libro, es un logro peculiar que combina un profundo conocimiento del aprendizaje y la enseñanza con la identidad y el cosmopolitismo, y con aplicaciones prácticas y puntos de prueba ilustrativos. Este libro es una lectura obligada para todos los padres, maestros y administradores educativos interesados en crear y apoyar los mejores programas bilingües para el siglo XXI.»

—Marcelo M. Suárez-Orozco
Decano Wasserman y Profesor Distinguido de Educación UCLA
Autor de *Global Migration, Diversity, and Civic Education:*
Improving Policy and Practice

«Como presidente de una corporación global, sé de primera mano que el dominio de idiomas para comunicarse y comprender a los administradores, clientes y consumidores de todo el mundo, es esencial. Esto sólo es posible gracias al conocimiento de varias lenguas. El poderoso libro de Fabrice Jaumont, La revolución bilingüe, muestra la forma en que la educación multilingüe puede empoderar a nuestra juventud, y expone una tendencia muy prometedora en Estados Unidos. Una lectura obligada para cualquier persona interesada en el futuro de la educación.».

—Bruno Bich, Presidente y Director Ejecutivo, BIC Group

OTROS LIBROS DE FABRICE JAUMONT

Unequal Partners: American Foundations and Higher Education Development in Africa. Nueva York, NY: Palgrave-MacMillan, 2016.

The Bilingual Revolution: The Future of Education is in Two Languages. Nueva York, NY: TBR Books, 2017. También disponible en árabe, chino, francés, alemán y ruso.

Partenaires inégaux. Fondations américaines et universités en Afrique Paris : Éditions de la Maison des sciences de l'homme, colección "Le (bien) commun", 2018.

Stanley Kubrick: The Odysseys. Nueva York, NY: Books We Live by, 2018.

The Gift of Languages: Paradigm Shift in U.S. Foreign Language Education. Nueva York, NY: TBR Books, 2019. (con Kathleen Stein-Smith)

Í N D I C E

La idea de este libro surgió a través de mis esfuerzos para apoyar el desarrollo de la enseñanza de idiomas en las escuelas públicas estadounidenses desde finales de los años noventa. En 1997 me trasladé a Estados Unidos para trabajar como enlace de educación para el Consulado de Francia en Boston y durante ese tiempo tuve la oportunidad de visitar numerosas escuelas en todo el país. Mi primer encuentro con escuelas de inmersión fue en Massachusetts. Dado que era oriundo de Francia, estos programas me llamaron inmediatamente la atención porque les ofrecían, a niños en los Estados Unidos que no tenían necesariamente una conexión particular con el idioma francés o con un país de habla francesa, planes de estudios de inmersión en francés, desde el kínder hasta la escuela secundaria. Más importante aún, estos programas se ofrecían en las escuelas públicas de manera gratuita, y, por lo tanto, eran accesibles a cada estudiante y familia. Constatar que los niños dominaban mi lengua materna y que llegaban a ser bilingües tanto en lo oral como en lo escrito, me causó una fuerte impresión.

A través de los años, las escuelas de Massachusetts con programas de inmersión en francés que visité en un principio han educado a miles y miles de niños con métodos de inmersión. Estas escuelas, junto con los educadores y los padres que las apoyan, continúan inspirándome hasta la fecha y han tenido una enorme influencia en mi propia vida y mi carrera. Poco después de visitarlas, ocupé el puesto de director en una escuela privada internacional de Boston donde dirigí un riguroso programa bilingüe internacional. Las familias que asistieron a la escuela creyeron en su plan de estudios y en su enfoque orientado a los idiomas; constataron que el programa tenía el potencial de ofrecerles a sus hijos habilidades de por vida, y que les podría abrir la puerta a muchísimas oportunidades gratificantes. Como yo, estaban convencidos de los increíbles beneficios del bilingüismo y estaban decididos a brindarles a sus niños la capacidad de hablar dos lenguas.

En 2001 me mudé a la Ciudad de Nueva York para desempeñarme como Agregado de Educación de la Embajada de Francia, puesto que ocupo hasta la fecha. Mi trabajo incluye colaborar con numerosos líderes escolares, maestros, grupos de padres y organizaciones comunitarias. Juntos, desarrollamos una iniciativa que llevó a la creación de los primeros programas duales de lengua en francés e inglés en las escuelas públicas de Nueva York. Asimismo, me involucré en iniciativas similares que condujeron a la creación de programas duales de lengua en japonés, alemán, italiano y ruso. En 2014 nuestra labor llamó la atención de numerosos medios de comunicación, incluyendo *The New York Times*, que publicó un artículo sobre el surgimiento de programas duales de lengua en Nueva York, el cual destacó su potencial impacto positivo en las comunidades escolares públicas. A partir de la publicación de este artículo se produjo un interesante debate sobre la relevancia de la enseñanza de lenguas extranjeras hoy en día en Estados Unidos y sobre la validez de la adquisición temprana de la lengua. El debate y las preguntas que propició entre los padres de varias comunidades lingüísticas, me motivaron a escribir este libro.

Como padre de dos niñas bilingües y biculturales que asisten a un programa dual de lengua en una escuela pública en Brooklyn, también me siento profundamente apegado al concepto de la educación dual como una forma de mantener un patrimonio cultural o adquirir un segundo idioma. Quería que el libro se dirigiera a los padres y que les proveyera conocimientos accesibles, orientación y estímulo al momento de considerar la implementación de un programa dual de lengua en su comunidad o escuela. Por esta razón, *La revolución bilingüe* proporciona un manual para quienes estén dispuestos a embarcarse en tal iniciativa, así como pasos a seguir, ejemplos y testimonios de padres y educadores que han elegido un camino similar. A través de mi investigación, así como de mis experiencias profesionales y personales, he descubierto que los niños que han tenido una educación bilingüe disfrutan de numerosos beneficios que van más allá de la adquisición de otro idioma; entre ellos, una mejor apreciación de otras culturas, otros individuos e incluso de ellos mismos. Asimismo, me he convencido de que, sencillamente, las ventajas cognitivas, emocionales y sociales de ser bilingüe y multicultural no deben limitarse a las escuelas privadas y a quienes pueden permitirse una educación privada. En mi opinión, la educación dual de lengua es un bien universal que debe desarrollarse en todas partes, ya que puede transformar positivamente a un niño, una familia, una escuela, una comunidad e incluso a un país. Bajo esta creencia, y con la convicción de que los padres pueden marcar el cambio, comparto ahora este libro con la esperanza de que surjan más programas bilingües en las escuelas de todo el mundo.

Fabrice Jaumont, 21 de agosto de 2017, Nueva York, N.Y.

AGRADECIMIENTOS

Sin el apoyo y el aliento de muchas personas y organizaciones, este libro no se habría completado. Agradezco a quienes me brindaron su tiempo de distintas maneras: concediéndome entrevistas, facilitando información para este estudio, compartiendo conmigo sus conocimientos, pasión o experiencia sobre los temas que discuto en el libro, y manteniendo la llama de la revolución bilingüe viva. Por todo esto, y por su ayuda y estímulo en diversas etapas, quiero expresar mi especial gratitud a:

Marty Abbott, Mary Acosta, Maha Afifi, Ria Aichour, Carine Allaf, Debbie Almontaser, Tamara Alsace, Michele Amar, Gabrielle Amar-Ouimet, Anna Cano Amato, Shareen Anderson, Ana Inés Ansaldo, Gérard Araud, Carmen Asselta, Laetitia Atlani-Duault, Laurent Auffret, Milady Báez, Corinne Bal, Lena Barbera-Johnson, Isabelle Barrière, Gretchen Baudenbacher, Antonin Baudry, Celine Beloeil, Franck Benayoun, Alessandra Benedicty, Anne Benoit, Adrienne Berman, Lenore Berner, Vanessa Bertelli, Anne Berthelot, Ellen Bialystok, Bruno Bich, Josée Bienvenu, Edith Boncompain, Piera Bonerba, Habiba Boumlik, Claire Bourgeois, Marie Bouteillon, Iwona Borys, Gilles Bransbourg, Alexis Buisson, Gracie Burke, Therese Caccavale, Talcott Camp, Robert Celic, Karyn Chemin, Lanny Cheuck, Joelle Ciesielski, Andrew Clark, Karl Cogard, Elisa Conigliaro, Ilaria Costa, Earlene Cruz, Jonas Cuénin, Elizabeth Czastkiewizc, Elizabeth Rose Daly, Caroline Daoud, Bénédicte de Montlaur, Virgil de Voldère, Merilla Deeb, Jean-Cosme Delaloye, François Delattre, Katie Dello Stritto, Anaïs Digonnet, Carmen Dinos, Verena Dobnik, Karin Dogny, Fabienne Doucet, Jean-Claude Duthion, Louis Duvernois, Joseph Dunn, Jont Enroth, Gérard Epelbaum, Anne-Laure Faillard, Carmen Fariña, André Ferrand, Martina Ferrari, Yuli Fisher, Nelson Flores, Tara Fortune, Heather Foster-Mann, Jesús Fraga, Naomi Fraser, Ofelia García, Banafche Garnier, Muriel Gassan, Giselle Gault-McGee, Hélène Godec, Kevin Goetz, Enrique González, Vartan Gregorian, Francois Grosjean, Tommi Grover, Anne-Sophie Gueguen, Bruce Hale, Skip Hale, Phillip Hall, Terri Hammat, Vanessa Handal, Mary Ann Hansen, Robert Hansen, Alan and Catherine Harper, Elisabeth

5

Hayes, Carol Heeraman, Gaby Hegan, Hannah Helms, Christine Hélot, Annie Heminway, Juliette Hirsch, Vanessa Hradsky, Peep Hughes, Sandrine Humbert, Marion Hurstel, Sandrine Isambert, Olga Ilyashenko, Angélica Infante, Angela Jackson, Maria Jaya, Jillian Juman, Olga Kagan, Hee Jin Kan, Soumountha Keophilavong, Celine Keshishian, Jack Klempay, Tatyana Kleyn, Maria Kot, Jennifer Kozel, Thierry Roland Kranzer, Thomas Kwai, Nari Kye, Anne Lair, Mathilde Landier, Sophie Larruchon, David Lasserre, Annie Le, Benoit Le Devedec, Virginie Le Lan, Alessia Lefebure, Annique Leman, Irene León, Olga Liamkina, Diana Limongi, Evelyn Lolis, Susan Long, Marcello Lucchetta, Sean Lynch, Chantal Manès, Laurent Marchand, Gaétan Mathieu, Marc Maurice, Jennifer Mazigh, Hélène Maubourguet, Mimi Met, Thomas Michelon, Yumi Miki, Jeffrey Miller, Jean Mirvil, Belinda Mondjo, Christophe Monier, Oisín Muldowney, Monica Muller, Kaye Murdock, Tomoko Nakano, Florence Nash, Martina Nerrant, Naomi Nocera, Sophie Norton, Sandie Noyola, Toby Oppenheimer, Bahar Otcu-Grillman, David Ouimet, Nilda Pabon, Daniel and Ailene Palombo, Lucia Pasqualini, Marie Patou, Guénola Pellen, Danielle Pergament, Jayme Perlman, Catherine Pétillon, Joy Peyton, Andrea Pfeil, Magali Philip, Catherine Poisson, Kim Potowski, Florence Poussin, Stefania Puxeddu, Dana Raciunas, Blake Ramsey, Olivia Jones Ramsey, Jeannie Rennie, Luis Reyes, Nancy Rhodes, Pascale Richard, Zachary Richard, Kareen Rispal, Joseph Rizzi, Gregg Roberts, Ana Roca, Nicky Kram Rosen, Rita Rosenback, Linda Rosenbury, Alfred y Jane Ross, Keith Ryan, Emmanuel Saint-Martin, Maria Santos, Harriet Saxon, Clémence Schulenburg, Julia Schulz, Kirk Semple, Marie-Pierre Serra-Orts, Beth Shair, Tina Simon, Elisa Simonot, Lea Joly Sloan, Olivier Souchard, Jack Spatola, Julia Stoyanovich, Ircania Stylianou, Julie Sugarman, Robin Sundick, Claire Sylvan, Véronique Sweet, Aya Taylor, Mary-Powell Thomas, Christelle Thouvenin, Paul Robert Tiendrébéogo, Annie Vanrenterghem-Raven, Yalitza Vásquez, Raymond Verdaguer, Louise Alfano Verdemare, Nancy Villarreal de Adler, Pierre Vimont, Cécile Walschaerts, Shimon Waronker, Katrine Watkins, Sylvia Wellhöfer, Katja Wiesbrock-Donovan, Conor Williams, Alicja Winnicki, Ron Woo, Li Yan, Mika Yokobori, Brian Zager, Zeena Zakharia, Donna Zilkha, y Amy Zimmer.

Por último, quiero agradecer a Margaret Liston por su increíble talento y perseverancia al editar mis numerosas versiones, y a Darcey Hale, mi "madre americana" de ochenta y tres años de edad, cuya meticulosa redacción de mis borradores, palabra por palabra y línea por línea, aportó claridad y concisión. Agradezco a Renata Somar y Diana Limongi, y Pli selon Pli por el trabajo ejemplar de traducir un texto originalmente escrito en inglés. Agradezco a mi esposa, Nathalie y a mis hijas, Cléa y Félicie, por ofrecerme el aliento y la fuerza para completar este proyecto. No podría haberlo hecho sin estas siete mujeres.

PRÓLOGO

La educación bilingüe:
Cómo dar vuelta en "U" con los padres y las comunidades

Por Ofelia García

Este libro hace una contribución muy importante porque se centra en un tema que no se trata con frecuencia: el importante papel que los padres de diferentes orígenes etnolingüísticos tienen en la delineación de una educación adecuada para sus hijos en Estados Unidos. Por lo general, los libros sobre educación bilingüe están dirigidos a los maestros y se ha prestado poca atención a la manera en que las familias pueden actuar para garantizar que las escuelas públicas estadounidenses desarrollen programas de educación bilingüe para sus hijos. La historia más importante entre las que cuenta Fabrice Jaumont en este libro es la del deseo de las familias de este país, de que sus hijos aprendan en inglés y que lo hagan en escuelas bilingües, pero que también aprendan en un idioma que tenga vínculos profundos con ellos. Contrariamente a la opinión popular, las familias estadounidenses con diferentes antecedentes etnolingüísticos sí están interesadas en desarrollar programas de educación bilingüe para sus hijos.

Mientras el gobierno federal y los departamentos de educación estatales ven con suspicacia el uso de idiomas distintos del inglés para educar a los niños estadounidenses, las familias de clase media se han involucrado en lo que Fabrice Jaumont llama una revolución. Estas familias, que aprecian el valor del bilingüismo porque es parte de su identidad norteamericana, han impulsado y fortalecido dicha revolución desde el principio. El valor del libro de Jaumont radica en que nos recuerda que la educación bilingüe es una tradición estadounidense a pesar de que siempre ha estado al centro de tensiones, controversias y luchas, como lo demostraré más adelante.

El libro de Fabrice Jaumont recupera la promesa de una tradición de educación bilingüe y nos recuerda que todos los estadounidenses —con sus identidades raciales, clase social e historia de inmigración diversas—, tienen diferentes prácticas lingüísticas y culturales. El patrimonio de los niños mencionados en este libro incluye prácticas con rastros de lo que se considera árabe, chino, inglés, francés, japonés, italiano, alemán, polaco, ruso y español; y sus padres, que son estadounidenses, entienden que dichas prácticas son importantes. Para estas familias, la educación bilingüe no es importante por el vínculo que pueda establecer con el pasado o con tierras extranjeras, sino porque permite reconocer un presente multilingüe estadounidense y forjar las posibilidades de un futuro más inclusivo para todos los niños de este país.

Aquí trazo la tradición de la educación bilingüe estadounidense, así como la oposición a la misma. Al analizar también las formas en que la educación bilingüe fue reinterpretada en la segunda mitad del siglo XX, describo cómo el libro de Jaumont propone una vuelta en U para la educación bilingüe: un regreso a sus comienzos. En lugar de dar inicio con los mandatos y reglamentos gubernamentales y centrarse sólo en aquellos con carencias —carencia del inglés, de años de residencia y de medios económicos—, Jaumont propone empezar con los deseos de las comunidades etnolingüísticas viejas y nuevas, de educar a sus niños en un entorno bilingüe. Los programas de educación bilingüe que el autor retrata en este libro comienzan con los niños y los deseos que sus madres y las comunidades tienen para su educación. Pero no es una hazaña fácil. El camino es largo y tiene muchas vueltas tortuosas porque tendríamos que cambiar el sendero exclusivo del inglés que han tomado las escuelas públicas en Estados Unidos. El aspecto más importante del libro de Jaumont es el plan que les ofrece a las familias, una guía que les puede ayudar a dar forma al nuevo sendero, ya que, como dice el poeta español Antonio Machado, "se hace camino al andar."

La tradición de la educación bilingüe estadounidense y la oposición

A lo largo del siglo XVIII las comunidades de habla alemana de Pensilvania y Ohio establecieron escuelas en las que se utilizaba el alemán como medio de educación (Crawford, 2004; García, 2009). Estas escuelas crecieron a lo largo del siglo XIX y cada vez se asemejaron más a los programas bilingües que conocemos hoy en día. Durante la segunda mitad del siglo XIX, por ejemplo, los niños de Cincinnati dividían su semana escolar entre un maestro inglés y otro alemán. En 1837, un año antes de que se inaugurara la primera escuela pública inglesa en San Luis, se estableció una escuela pública de alemán-inglés. En la segunda mitad del siglo XIX, en las escuelas públicas bilingües de San Luis, una cuarta parte de los estudiantes no era de ascendencia alemana, lo que nos recuerda la tendencia actual de lo que llamamos "educación dual de lengua de dos vías" (o bidireccional), un tipo de educación bilingüe en el que se educa a estudiantes de minorías etnolingüísticas y mayorías de habla inglesa para desarrollar el bilingüismo de todos. Sin embargo, a finales del siglo XIX, San Luis puso fin a su política de educación bilingüe y restringió la enseñanza del alemán a las escuelas secundarias públicas exclusivamente.

La oposición a una tradición estadounidense de educación bilingüe tampoco es nueva. Desde sus inicios, se les negó la voz a aquellos considerados no blancos —los nativos americanos y los africanos esclavizados–; sus prácticas idiomáticas fueron silenciadas por medio de su aniquilación y exclusión de la educación. El Tratado de Guadalupe Hidalgo (1848) que puso fin a la guerra entre México y Estados Unidos, visibilizó el español en lo que entonces eran territorios de México (los cuales incluyen los actuales estados de California, Arizona, Texas, Nevada, Nuevo México y Utah). En 1874, en el área que se convirtió en el territorio de Nuevo México (que incluía los actuales estados de Arizona y Nuevo México), sólo cinco por ciento de las escuelas enseñaban en inglés exclusivamente. Quince años más tarde, para 1889, esa cifra había aumentado a cuarenta y dos por ciento (del Valle, 2003). La enseñanza "sólo en inglés" se convirtió en la norma en las escuelas de Nuevo México a fines del siglo XIX. Cuando California se convirtió en un estado en 1850, se decretó que las escuelas enseñarían en inglés y español; pero cinco años después, en 1855, el inglés fue declarado el único idioma de enseñanza

(Castellanos, 1983). El crecimiento del español en el territorio estadounidense tuvo que ser detenido. A lo largo del siglo XIX, los estadounidenses no considerados blancos recibieron poca educación (si es que la recibieron) en escuelas segregadas donde sólo se enseñaba en inglés: el instrumento más importante en la extinción de idiomas distintos del inglés en Estados Unidos.

La oposición a la educación bilingüe y a la enseñanza de las lenguas de los considerados "otros" se extendió gradualmente a todos los grupos etnolingüísticos. Después de la compra de Luisiana en 1803, las escuelas del estado proporcionaron enseñanza bilingüe en francés e inglés. Para 1921 la constitución estatal de Luisiana requería que todas las escuelas públicas enseñaran exclusivamente en inglés (del Valle, 2003). A medida que la inmigración creció a principios del siglo XX, las muy variadas prácticas lingüísticas de los suecos, ucranianos, finlandeses, lituanos, polacos, eslovacos, griegos, rusos, italianos y judíos se volvieron sospechosas. En 1915 el presidente Theodore Roosevelt capturó el estado de ánimo de la época al decir que "no sería una mera desgracia sino un crimen perpetuar las diferencias de lengua en este país", y recomendó que los inmigrantes que no aprendieran inglés en cinco años fueran devueltos a sus países (citado en Castellanos, 1983, p. 40). Cuando Alemania se convirtió en enemigo de Estados Unidos en la Primera Guerra Mundial, el idioma alemán también fue declarado sospechoso. La educación bilingüe fue abandonada, e incluso el estudio de idiomas considerados "extranjeros" fue restringido. Para 1923, año en que la Corte Suprema de Estados Unidos anuló leyes restrictivas de la lengua en tres estados en Meyer v. Nebraska, había treinta y cuatro que prohibían el uso de lenguas distintas del inglés para la educación (Crawford, 2004; García, 2009).

La educación pública bilingüe para las comunidades etnolingüísticas no regresó pronto. Al levantarse la restricción, los grupos etnolingüísticos que tenían los medios económicos necesarios establecieron escuelas complementarias que les ofrecían lo necesario para respaldar sus prácticas lingüísticas y culturales, y que operaban los fines de semana o después de clases. Algunas comunidades pudieron desarrollar escuelas bilingües no públicas. Epstein (1977), por ejemplo, nos dice que en 1940 la comunidad franco-estadounidense tenía un total de 249 escuelas bilingües "*mi-anglais, mi-français, à part égales*" (Epstein, 1977, p. 37). A pesar de algunos esfuerzos exitosos, sin embargo, los grupos de minorías idiomáticas que también fueron racializados en un esfuerzo de colonización y conquista—los nativos americanos, los mexicano-estadounidenses y otros latinos— no tuvieron los medios económicos ni el poder político para establecer sus propias escuelas bilingües.

La tradición de la educación bilingüe estadounidense reinterpretada

A lo largo de la era de los Derechos Civiles, la comunidad latina exigió educación bilingüe, no sólo como una forma de educar a sus hijos, sino también como "un medio para cumplir la promesa de igualdad de ciudadanía" (Del Valle, 1998). La exigencia incluyó a organizaciones latinas políticas como los Brown Berets y los Young Lords, quienes veían la educación bilingüe como una manera de ejercer control comunitario y mejorar la economía de la comunidad latina (Flores, 2016, Flores y García, en preparación). Sin embargo, la comunidad obtuvo algo completamente distinto.

En 1965, en el contexto de la iniciativa de "La guerra contra la pobreza" del Presidente Johnson, el Congreso aprobó la Ley de Educación Primaria y Secundaria (Elementary and Secondary Education Act o ESEA), la cual fue reautorizada y modificada con la inclusión del Título VII, La Ley de la Educación Bilingüe (The Bilingual Education Act), tres años más tarde, en 1968. La legislación les proporcionó fondos a los distritos escolares que establecieron programas bilingües para instruir a los estudiantes que no hablaban inglés y que necesitaban cursos remediales, en su mayoría mexicano-estadounidenses y puertorriqueños, pero también nativos americanos, nativos hawaianos y nativos de Alaska. La educación bilingüe regresó a las escuelas públicas bajo una nueva forma que se limitaba a aquellos a quienes el gobierno federal consideraba "Limitados en el Idioma Inglés", ("Limited English Proficient") y que no respondían a los deseos de diferentes comunidades etnolingüísticas, incluso aquellas a las que se suponía que tenía que ayudar. Con el tiempo, a estos programas financiados por el gobierno federal se les llegó a definir como "de transición", y en ellos, el idioma que no era inglés sólo se usaba para remediar la falta de este, y exclusivamente para la transición idiomática. Desde el principio hubo tensión entre las comunidades etnolingüísticas que insistieron en que querían educación bilingüe para sus hijos a pesar de que ya eran bilingües. De esta forma se estableció el escenario de lo que ha sido medio siglo de confusión y ataques continuos.

El gobierno federal esperaba que los fondos se usaran exclusivamente para la educación bilingüe de transición, pero los distritos escolares con educadores y estudiantes en su mayoría latinos y nativos americanos, así como algunos con otras comunidades etnolingüísticas, aprovecharon sus programas bilingües para atender a las familias que, en algunos casos, tenían niños con un alto nivel de bilingüismo, y en otros, no. Estos programas de desarrollo del mantenimiento de la educación bilingüe, recibieron ataques despiadados por parte de muchos. En 1980, poco después de asumir el cargo, el Presidente Ronald Reagan resumió lo que había llegado a ser la opinión popular de la poderosa mayoría:

> Tener un programa de educación bilingüe que ahora está abierta y francamente dedicado a la conservación de su lengua materna, y no permitir que manejen el inglés de una forma adecuada para poder ingresar y participar en el mercado laboral, es absolutamente incorrecto y va en contra de los conceptos estadounidenses (citado en García, 2009).

Poco a poco, la marea contra la educación bilingüe sufrió un revés, incluso en los estados que la habían apoyado anteriormente. En el umbral del siglo XXI, tres estados —California, Massachusetts y Arizona— declararon ilegal la educación bilingüe, y los programas de este tipo en todo el país comenzaron a cerrar (Menken & Solorza, 2014). Muchos programas de educación bilingüe fueron sustituidos por programas de inglés solamente; algunos eran programas de inglés como segunda lengua, complementarios a la enseñanza regular; otros eran programas estructurados autónomos de inmersión en inglés, también conocidos como programas de inglés protegido. La tradición bilingüe estadounidense, reinterpretada por el gobierno y las autoridades educativas, sucumbía a la enseñanza monolingüe del inglés.

La educación bilingüe se reestructura como "programa dual de lengua"

A medida que la educación bilingüe se rendía, se puso en marcha un movimiento para salvar algo de ella bajo un disfraz diferente. La nueva propuesta requería que la mitad de los alumnos aprendiera inglés y la otra mitad aprendiera una lengua que no fuera inglés (Lindholm-Leary, 2011). Este movimiento de programas duales de lengua en dos vías (o bidireccional) coincidió con la mayor mercantilización del bilingüismo en un mundo cada vez más globalizado. Pero por la forma en que se constituyeron, los programas también se colocaron en el centro de una controversia porque empezaron a atraer cada vez más a los individuos blancos que solamente hablaban inglés, y a dejar atrás a las comunidades etnolingüísticas que seguían deseando para sus hijos un programa que preservara el desarrollo de la educación bilingüe (Valdés, 1997). La reglamentación impuesta en muchos distritos escolares que exigía que cincuenta por ciento de los estudiantes fuera de un tipo y cincuenta por ciento del otro, también resultó controversial dado que las comunidades, en particular las comunidades segregadas que siguen prevaleciendo en Estados Unidos, no están conformadas simplemente por una cantidad igual de dos tipos distintos de estudiantes. Por otra parte, algunas comunidades etnolingüísticas minoritarias sintieron que se les estaba robando la oportunidad de la enseñanza bilingüe porque ahora cincuenta por ciento de los lugares tenía que ser ocupado por quienes hablaban inglés y eso las dejaba con nada más la mitad de posibilidades para adquirir una educación bilingüe. Tiempo después algunas comunidades desarrollaron lo que se llegó a conocer como programas duales de lengua de una sola vía (o unidireccionales), es decir, programas bilingües destinados exclusivamente a un grupo etnolingüístico que no hablaba inglés. Algunos distritos escolares empezaron a ofrecerles programas de inmersión a sus estudiantes anglófonos, en particular en chino mandarín, español y francés. Aunque los programas bilingües de inmersión dirigidos a los niños blancos monolingües de clase media son escasos, no resultan controversiales. La educación bilingüe de comunidades etnolingüísticas con antecedentes de inmigración o racialización, en cambio, sí es polémica. Es por esta razón que los denominados programas duales de educación bilingüe de una vía, a los que antes se les consideraba programas para la preservación del desarrollo de la educación bilingüe, todavía son vistos con recelo.

Las prácticas lingüísticas de los estadounidenses blancos monolingües de la clase media son las únicas legitimadas en las escuelas del país, mientras todas las demás, están estigmatizadas. Tanto los programas duales de lengua de una vía, como los de dos vías, suelen fracasar en la legitimización de las prácticas de los estadounidenses bilingües porque fueron elaborados usando como guía una pedagogía de inmersión que le podría servir bien a la mayoría de los niños que hablan inglés, pero que no se basa en todo el repertorio de idiomas de los individuos bilingües. En muchos programas duales de lengua, el bilingüismo es considerado una habilidad independiente, lo cual representa una visión monoglósica que depende de las convenciones de los idiomas nombrados de las naciones-estado, en vez de en el sistema lingüístico unitario de los hablantes. Los hablantes de dos lenguas y aquellos que se están volviendo bilingües, es decir, bilingües emergentes, siempre están pasando de un idioma a otro, lo que significa que despliegan rasgos de su sistema lingüístico unitario para completar de forma exitosa las tareas de comunicación y para adquirir las convenciones sociales que llamamos idiomas nombrados: inglés, francés, español, árabe, chino, japonés, italiano, etcétera (García & Li Wei, 2014; Otheguy, García & Reid, 2015). Sin embargo, muchos programas de educación bilingüe, tanto de una como de dos vías, no logran aprovechar todo el repertorio comunicativo del niño, lo cual limita sus destrezas a solamente aquellas que se constituyen con rasgos de lo que se considera inglés estándar exclusivamente, o el idioma estándar que no es el inglés. Debido a que las prácticas lingüísticas que caracterizan el bilingüismo a menudo no logran adecuarse a uno u otro idioma nombrado estándar, son estigmatizadas y, como resultado, a los niños no se les da la oportunidad de continuarlas. Los programas bilingües que actúan de esta forma sólo se suman a la inseguridad de todos los niños bilingües, independientemente de a qué categoría pertenezcan. Como no reflejan a las comunidades etnolingüísticas estadounidenses y tampoco se guían por ellas, la interpretación estricta de lo que se entiende como habilidades independientes de lengua dual, se suma a la baja autoestima de estos niños y a la falta de confianza en su capacidad bilingüe.

La educación bilingüe da vuelta en U

Como lo mencioné al principio, la contribución más importante del libro de Fabrice Jaumont es que adopta un enfoque de la educación bilingüe que les devuelve el poder a las comunidades etnolingüísticas y a su deseo de que sus niños reciban enseñanza bilingüe. La educación bilingüe da vuelta en U y regresa a la dirección con que comenzó: como una manera de reconocer el deseo que tienen las comunidades de educar a sus niños de forma bilingüe. El libro de Jaumont nos muestra la manera en que los padres y las comunidades dan este giro.

El ámbito de la educación bilingüe se ha enfocado en la forma en que deberían estar construidos los programas y en cómo deberían enseñar los maestros, pero han dejado fuera el componente más importante: las comunidades etnolingüísticas y los padres mismos, en especial las madres que siempre han jugado un papel tan importante en la educación de sus hijos. Este es un libro que educa a los padres para que puedan convertirse en líderes educativos y dirigir el desarrollo de los programas de educación bilingüe que funcionan adecuadamente para sus comunidades y sus niños. Estos programas de educación bilingüe no tienen sospechas respecto a las prácticas lingüísticas o culturales de los niños, al contrario, honran la riqueza del conocimiento de las comunidades. El libro cuenta la historia de padres reales que organizan a la comunidad y libran batallas para cambiar la trayectoria que tiene la educación estadounidense en la actualidad. Aquí vemos que los vínculos que construyen los padres no son solamente entre ellos mismos o con organizaciones poderosas, sino con otros padres y otras comunidades que tienen historias y experiencia en esta lucha. La mayor fuerza que logra desencadenar es la de los padres interesados y comprometidos con la educación bilingüe de sus hijos. No se trata de la típica participación o el involucramiento común sobre el que nos habla la literatura educativa; sino del liderazgo de los padres que dirigen el cambio en las escuelas. Aquí se invierten las dinámicas del poder, ya que es la comunidad misma quien se coloca en el asiento del conductor para dar esa vuelta en U y marcar el camino.

Resulta interesante que la revolución de padres que se retrata en este libro suceda en la Ciudad de Nueva York, una "manzana multilingüe" donde los estadounidenses siempre han tenido prácticas lingüísticas y culturales diversas (García & Fishman, 2001). También es interesante que haya sido un académico de herencia francesa que vive y trabaja en Estados Unidos, quien reconoció, y en muchos casos encabezó, esta revolución bilingüe. El papel de Jaumont en el proceso de educar a los padres de todos orígenes para que entiendan los beneficios de la educación bilingüe, y apoyarlos para que se organicen, ha sido incondicional, ya que él sabía desde el principio que sólo los padres y las comunidades podrían ser los agentes de cambio. El éxito de la tradición de la educación bilingüe estadounidense dependerá de la fuerza de voluntad de los padres, pero esto no basta, y por eso Jaumont les ofrece aquí una guía para echar a andar y apoyar los programas exitosos.

Como lo muestra este libro, la revolución de la educación bilingüe dirigida por los padres es distinta en cada comunidad. A diferencia de los programas bilingües duales de lengua dirigidos por autoridades educativas locales formadas con el mismo molde, este texto les permite a las comunidades específicas diseñar sus propios programas. Naturalmente, dichas comunidades etnolingüísticas tienen que ajustarse a ciertas reglas de los distritos escolares, pero la forma en que lo hagan también diferirá entre una comunidad y otra. De hecho, uno de los mayores aprendizajes que ofrece el libro de Jaumont es que, a pesar de la diversidad etnolingüística actual, aún es posible desarrollar y mantener programas de educación bilingüe para comunidades distintas. Los esfuerzos de las comunidades hablantes del árabe, chino, inglés, francés, japonés, italiano, alemán, polaco, ruso y español que son retratadas aquí, han sido diferentes en todos los casos. Sus acciones les han servido a sí mismas, pero también han servido intereses que van más allá de ellas. Jaumont no solamente nos muestra el éxito de los padres, sino también sus luchas y sus derrotas, y nos explica la forma en que tuvieron que adaptarse a las presiones políticas y sociales para sobrevivir.

Fabrice Jaumont nos acompaña en esta vuelta en U para volver a poner en las manos de las familias y las comunidades la tarea de diseñar la educación bilingüe; y con esto nos recuerda que ahí fue donde empezó todo, tanto en el siglo XVIII como en el XX. Nuestra experiencia nos dice que crear programas de educación bilingüe empezando de cero no es sencillo, sin embargo, la lucha es importante porque siempre ha sido parte de los valores estadounidenses y porque en la actualidad la están reclamando comunidades de todo el país. Más que cualquier otra cosa, este libro es un tributo al arduo trabajo de los padres y las comunidades que siempre han hecho posible la educación bilingüe a pesar de las luchas y la oposición; y al visibilizar el importante papel que han tenido en particular las mujeres en esta revolución —madres y maestras que invariablemente han cuidado y educado—, nos recuerda que el futuro de nuestros niños estadounidenses bilingües está en buenas manos, en manos que se niegan a renunciar a su papel de cuidado y apoyo para simplemente entregárselo a las burocracias escolares.

LA REVOLUCIÓN BILINGÜE

El llamado a la acción

¿Qué sucedería si viviéramos en un mundo en el que todos los niños pudieran crecer siendo bilingües? Si esta idea te inspira, entonces debes saber que hay una manera de lograrlo. Gracias al arduo trabajo de padres y educadores, un renovado impulso para los programas bilingües está modificando el panorama educativo de las escuelas, las comunidades y las ciudades de todo el mundo. En las dos décadas pasadas, el enfoque estadounidense en la educación ha cambiado gradualmente y se ha alejado del dominio de una sola lengua para acercarse a la meta del bilingüismo, el enriquecimiento idiomático y la preservación de las herencias y las culturas. Este nuevo enfoque ha instado a las comunidades lingüísticas a diseñar programas duales de lengua que acepten los nuevos objetivos. Dichos programas han captado la atención de miles y miles de familias que anhelan el multilingüismo y que desencadenaron un interés entre muchos padres que desearían haber tenido acceso a ellos en sus escuelas cuando eran más jóvenes.

A pesar de que se puede rastrear las raíces de la educación bilingüe en Estados Unidos hasta las postrimerías del siglo XVII, ahora está surgiendo un nuevo fenómeno de tres objetivos. En primer lugar, hacer un maridaje de las culturas inherentes a las familias y las comunidades lingüísticas, y promover dicha herencia cultural como una parte importante del mosaico que es nuestra sociedad. En segundo lugar, facilitar la reconciliación entre las familias y las escuelas, y estimular un diálogo fructífero entre los padres, los administradores escolares y los profesionales de la educación. Y en tercer y último lugar, promover un ambiente social, económico y cultural que respete a todos y que ayude a obviar los golfos que nos dividen en la actualidad.

La educación bilingüe significa cosas distintas para distintas personas. Algunos desean tener acceso al inglés y a las oportunidades de igualdad que este provee; otros quieren conservar su herencia y utilizan la educación

13

bilingüe como una herramienta para lograrlo; a algunos más les interesa la adquisición de un segundo, tercer o cuarto idioma por las ventajas y oportunidades profesionales que esto les puede ofrecer. Finalmente, estas perspectivas tienen la misma meta: crear una sociedad multilingüe con un mayor acceso a los idiomas y las culturas. Uno de los principales objetivos de este libro es entretejer estas distintas perspectivas y así garantizar que se establezcan más programas duales de lengua para propiciar mejores oportunidades para todos los niños. Ser bilingüe ya no es un asunto superfluo ni es un privilegio de algunos cuantos afortunados; ser bilingüe ya no es un tabú para los inmigrantes que tanto anhelan que sus niños se integren sin problemas a su nuevo ambiente. Ser bilingüe es la nueva norma y debe comenzar con nuestros ciudadanos más pequeños, ya que si ponemos las ventajas del bilingüismo a disposición de la mayor cantidad de niños posible, podremos presentar un enfoque viable para el siglo XXI que impulsará el crecimiento de nuestras sociedades motivando a las comunidades a invertir en su herencia lingüística, presionando a las escuelas a que acojan la educación dual de lengua, y educando a las nuevas generaciones para que sus integrantes sean ciudadanos multilingües del mundo. A esta visión la refuerza la creencia de que cuando la educación bilingüe de calidad está disponible para todos —en las escuelas públicas de todo el país, desde preescolar hasta la universidad—, se incrementa la posibilidad de que nuestros niños tengan éxito, nuestras escuelas florecen y las comunidades prosperan. Lo más importante, la esencia de esta revolución bilingüe, es que coloca a los padres al centro del cambio porque ellos tienen el poder de transformar los panoramas educativos de sus comunidades.

Las familias que han encabezado los programas duales de lengua recientes que, en algunos casos han proveído su testimonio en este libro, valoran los beneficios del bilingüismo, la destreza de la lectoescritura en dos lenguas y la biculturalidad. Estos padres les solicitan a las escuelas que ayuden a fomentar las habilidades multilingües y a motivar la adquisición de una nueva lengua lo más pronto posible, de preferencia a través de programas de inmersión. A algunos de ellos también los motiva el fuerte deseo de conservar su herencia lingüística, y por esa razón les piden a las escuelas que valoren la lengua y el patrimonio cultural de sus niños. Mientras las autoridades escolares reconstruyen la educación bilingüe para que les sirva a más estudiantes y cumpla los nuevos objetivos, la meta de este libro es empoderar a los padres para que marquen la diferencia a través de la formación de iniciativas y del establecimiento de nuevos programas duales de lengua. Esto representaría un beneficio enorme para cualquier sociedad cuyos ciudadanos estén dispuestos a abrir sus mentes al mundo, al mundo de otros, por medio del dominio de los idiomas y del descubrimiento de nuevas culturas. *La revolución bilingüe* cuenta la historia de un enfoque ascendente basado en las personas, el cual se lleva a cabo a través de los esfuerzos de las familias que transformaron escuelas y comunidades de una manera positiva y sin precedentes.

¿Por dónde comienzo?

Para tener éxito, los padres deberían educarse en varios aspectos del bilingüismo, la educación bilingüe, el compromiso de la comunidad y la organización de voluntarios. También necesitan entender el tipo de asociaciones que se requieren para construir programas sólidos y para obtener el compromiso de los líderes escolares, la dedicación de los maestros y el involucramiento incesante de los padres a todos los niveles. Con este enfoque informado y con esta sensibilidad, los padres y las escuelas que acogen estos programas se pueden beneficiar de la multifacética población a la que atienden. Los programas también apelan a la diversidad del personal educativo, así como a su habilidad para incorporar las diferencias lingüísticas y culturales en su pedagogía. Debido a que este modelo es rico en el progreso cognitivo y benéfico para las funciones cerebrales, las recompensas para nuestros niños y nuestras comunidades son significativas. En los siguientes capítulos se discutirán con mayor detalle estos importantes hallazgos y conceptos, y se delinearán los pasos a seguir para el establecimiento de más programas bilingües. La revolución bilingüe se concibió como una guía práctica y accesible para acompañar a las familias y los educadores en su proyecto; es la historia de un movimiento nacido en Brooklyn, contado a través de la mirada de los padres y los educadores que fundaron cursos bilingües en sus escuelas. Estos jefes de familia estaban convencidos de que la educación bilingüe era un bien universal que debía ofrecerse en todos lados porque podía cambiar de forma constructiva a un niño, una escuela, una comunidad e incluso un país.

La guía que se presenta en este libro les provee a los lectores el conocimiento, las experiencias compartidas y las herramientas necesarias para crear programas duales de lengua eficaces. Fue diseñado por padres y educadores para que otros como ellos pudieran hacer crecer y desarrollar sus propias iniciativas bilingües en todos los rincones del mundo. Este libro fue inspirado por este movimiento y tiene como objetivo encapsular la energía y la visión de las familias y los educadores de la Ciudad de Nueva York que comprendieron la importancia de la educación dual en el entorno cada vez más globalizado del siglo XXI. El impulso y el espíritu colaborativo de este motivado grupo sigue alimentando la Revolución Bilingüe hasta la fecha, y dando paso al surgimiento de nuevas iniciativas en comunidades de todo Estados Unidos y el mundo. Si bien Nueva York sirve como telón de fondo de este libro, creo que la guía se puede aplicar en otros lugares además de los grandes centros urbanos, y que los programas bilingües pueden florecer en cualquier sitio.

Una inspiradora historia de éxito

Si tomamos en cuenta que la mitad de la población de Nueva York habla en casa un idioma distinto al inglés, esta ciudad es un microcosmos del mundo y resulta un adecuado telón de fondo para el libro. Nueva York es el centro ideal para una revolución bilingüe. Dado que la ciudad atiende a más de cien mil niños en doscientos programas bilingües, acoge una población de estudiantes con habilidades lingüísticas diversas a una escala gigante. La educación bilingüe ahora se ofrece en una variedad de idiomas que, al momento de publicación del libro, incluye español, mandarín, francés, árabe, alemán, criollo, italiano, japonés, ruso, bengalí, polaco, urdu, coreano y hebreo. Aquí se presentan muchas historias y crónicas personales de estos programas. Además, la educadora Carmen Fariña, quien ha sido una implacable defensora de la revolución bilingüe a lo largo de su carrera, durante su ejercicio como rectora del Departamento de Educación impulsó intensamente la expansión de los programas duales de lengua en toda la ciudad.[1] Richard Carranza, su sucesor, parece igual de decidido a continuar este desarrollo.

Con el establecimiento de programas duales de lengua en las escuelas públicas, la ciudad les provee a niños de diversos contextos socioeconómicos y étnicos, de forma colectiva, el acceso a la educación bilingüe de calidad. Los programas de este tipo han existido desde hace más de veinte años en Nueva York, y han ido remplazando de una forma gradual y exitosa a los modelos tradicionales de educación bilingüe que se enfocan en enseñarles inglés a los inmigrantes.

En general, los antiguos programas bilingües se ofrecían como transición y estaban diseñados para ayudarles a los estudiantes no hablantes de inglés a hablar esta lengua de forma competente mientras continuaban aprendiendo y recibiendo contenidos apropiados para su edad y grado escolar en su idioma natal. Este enfoque buscaba facilitar la transición de los estudiantes al idioma inglés y al programa general de enseñanza, pero hacía tan poco por el desarrollo o incluso la conservación de su lengua materna, que con el tiempo algunos se volvieron monolingües en inglés. Por ley, muchos de los estados del país exigen la implementación de un programa bilingüe si la escuela tiene una matrícula de veinte o más estudiantes con habilidad limitada en el inglés que cursen el mismo grado, hablen el mismo idioma y estén asignados al mismo edificio.[2] En la Ciudad de Nueva York, cuando quince estudiantes hablan el mismo idioma y están, o en el mismo grado o en dos grados contiguos, se debe establecer una clase bilingüe.

Más allá de la Ciudad de Nueva York

En cientos de ciudades de Estados Unidos y todo el mundo se han establecido programas similares. *La revolución bilingüe* es una historia de éxitos, pero también de obstáculos, contada a través de los testimonios de padres y educadores. Gracias a su diversidad, estos retratos ilustran una estrategia viable en el siglo XXI para preservar una herencia lingüística y para criar a una nueva generación de ciudadanos del mundo bilingües, multiculturales y con habilidades de lectoescritura bilingües.

Tanto los niños como los adultos son parte de este movimiento que busca preservar los vínculos lingüísticos, culturales e históricos con su comunidad etnolingüística. El deseo de contar con programas bilingües ha arrasado en las escuelas. En 2013, treinta y nueve estados y el Distrito de Columbia reportaron la implementación de uno o varios programas duales de lengua.[3] Actualmente se espera que esta cifra se multiplique de forma exponencial en los próximos años.

La educación bilingüe tiene un potencial enorme. ¿Por qué? Porque nuestros niños son parte de un mundo que se está encogiendo, en el que los idiomas sirven como senderos para entender a otros en el planeta, y para comprender quiénes somos. Nuestros niños merecen la oportunidad de conectarse no solamente con sus familiares y amigos, sino también con la cultura y la historia de otros, y con la suya. Esta forma de abordar el aprendizaje tiene el potencial de fomentar el respeto, la tolerancia y el entendimiento mutuo: pilares de un mundo pacífico.

Necesitamos aceptar y promover el avance del bilingüismo del país, pero esto sólo puede suceder si ofrecemos los idiomas en las escuelas públicas. Asimismo, como lo muestran muchos de los estudios que se mencionan en este libro, los niños inmigrantes criados en ambientes que valoran el idioma de sus padres, aprenden con mayor rapidez la lengua dominante. En la actualidad, más y más estudiantes se benefician de programas duales de lengua de tiempo completo en escuelas públicas, y se gradúan como individuos totalmente bilingües, biculturales y con capacidades bilingües de lectoescritura. Como lo confirman los ejemplos que se presentan en este libro, un creciente número de comunidades con lenguas distintas al inglés se han unido a la Revolución Bilingüe.

Advertencia

Antes de pasar a la idea central del libro, es importante reconocer el hecho de que aquí no se pretende cubrir todos los extensos temas que rodean y a veces plagan la educación bilingüe, en particular en el contexto de la educación pública en Estados Unidos. Aspectos como la raza, la pobreza, la segregación, la clase y la gentrificación han tenido y continúan teniendo un impacto importante en el desarrollo de los programas de educación bilingües y en la educación pública en este país. Debemos tener cuidado para que estas iniciativas no se vuelvan un beneficio exclusivo para los privilegiados, y necesitamos seguir trabajando de forma solidaria con las comunidades minoritarias que más se beneficiarían con ellos, y que más perderían si sus vecindarios se gentrificaran. Estos problemas necesitan examinarse con más seriedad y detalle de los que puede ofrecer el limitado alcance de este libro. A lo largo del mismo, y en la bibliografía, se cita a muchos académicos y estudios acreditados para que los lectores continúen leyendo y profundicen en estos sensibles temas.

Ahora que los beneficios del bilingüismo y del multiculturalismo —y en particular el impacto del bilingüismo en la mejoría cognitiva, el pensamiento crítico y la sensibilidad hacia otras personas y culturas—, se han vuelto más claros para los investigadores, la Revolución Bilingüe busca inspirar e involucrar a los padres para que se conviertan en "revolucionarios" bilingües. Estos individuos no solamente serán defensores de la educación bilingüe, sino verdaderos pioneros dispuestos a estimular un cambio positivo en sus sociedades y a volver a encantar al público con las escuelas públicas, al mismo tiempo que promuevan una vida comunitaria activa social, económica y culturalmente, y un entendimiento y respeto mutuo por los grupos minoritarios y la gente de distintos contextos sociolingüísticos y económicos. Este es el camino para interrumpir el empobrecido ciclo en el que con frecuencia se relaciona la buena educación con los ingresos del hogar y el estatus. Las voces de los antiguos y los nuevos revolucionarios ahora son escuchadas a lo largo de este libro conforme sus historias se entrelazan con el dominante tema de la Revolución Bilingüe: un mejor futuro para nuestros niños y el mundo.

CAPÍTULO 1

La fuerza de voluntad de los padres: Sí, tú puedes…

L os programas bilingües recién formados en todo el mundo le deben buena parte de su éxito a la simple fuerza de voluntad de los padres. En Estados Unidos una gran mayoría de los programas duales de lengua fueron creados simplemente porque las familias los solicitaron o fueron capaces de convencer a los directivos de la escuela de sus ventajas. Por mucho tiempo los padres han sido fuertes defensores de la educación bilingüe y han apoyado la implementación de programas duales de lengua con contribuciones económicas, su esfuerzo para recaudar fondos, y trabajo voluntario. Este no es solamente un fenómeno estadounidense, hay una miríada de ejemplos internacionales de iniciativas lanzadas por familias interesadas en la educación bilingüe para sus hijos, para que adquieran un nuevo idioma o para que preserven su herencia lingüística. Lo que mantiene unidos a todos estos movimientos es el abrumador deseo de los padres y su compromiso de ofrecerles a sus niños habilidades valiosas y ventajas para ayudarlos a tener éxito en un mundo global e interconectado.

Conoce tu fuerza

Tradicionalmente, la fundación inicial y la implementación de programas de educación bilingües en Estados Unidos fue resultado directo del trabajo comprometido de activistas de derechos civiles que lucharon para ganar casos en la corte a favor de los inmigrantes recién llegados que hablaban poco o nada de inglés en los setenta y los ochenta, y que además de ser activistas, en muchos casos también eran padres que querían asegurarse de que a sus hijos se les diera la oportunidad de aprender en la escuela y tener éxito en la sociedad.[4] Estos padres tuvieron éxito en demostrar que sus hijos tenían derecho a la educación bilingüe resaltando las desventajas de la educación monolingüe para los estudiantes que estaban aprendiendo inglés como segundo idioma, y exigiendo educación en la lengua materna de sus niños además de en inglés. Gracias a la labor pionera de estos activistas, padres de todo Estados Unidos ahora tienen derecho por ley a elegir el programa de adquisición de idioma que deseen, si suficientes padres de la comunidad de su escuela pública solicitan que se forme un grupo.

El número de historias exitosas de grupos de padres en todo el mundo que han usado sus ventajas para impulsar la creación de programas bilingües, es verdaderamente notable. En Francia, un país donde la educación bilingüe está fuertemente regulada por el gobierno, los programas bilingües no empezaron a aparecer sino hasta principios de la década de los 2000 debido a la presión de las asociaciones de padres con raíces específicas, para que se promovieran los programas en las escuelas privadas en principio, y más adelante en las escuelas públicas.[5] En Irlanda, a pesar de que el gobierno apoyó la enseñanza del irlandés como segundo idioma, los padres fueron quienes lucharon por la existencia de programas bilingües en irlandés e inglés en todo el país, e incluso más allá de las áreas Gaeltacht, donde aún se habla el irlandés cotidianamente.[6] En Canadá, una organización de padres llamada *Canadian Parents for French*, se ha convertido en una fuerza importante para el crecimiento de programas bilingües en todo el país. Este grupo organiza campañas de defensa del idioma francés y publica reportes sobre asuntos como el acceso equitativo a los programas de inmersión, acuerdos para estudiantes con necesidades bilingües especiales, y perspectivas laborales para profesionales bilingües.[7]

Si los padres se organizan bien y mantienen su determinación incluso al enfrentarse a desafíos importantes, pueden convertirse en una fuerza que se deberá tomar en cuenta en la educación pública. Las familias tienen la posibilidad de lograr que niños de distintos contextos socioeconómicos y étnicos tengan acceso a programas bilingües. No obstante, como bien sabemos, ellos no son los únicos actores involucrados en las comunidades educativas; y por esta razón, a menudo deben colaborar con otros actores de los distintos niveles escolares y de la comunidad para que pueda surgir un exitoso programa dual de lengua. A veces puede ser difícil reunir el apoyo de los directores, maestros y administradores que, con frecuencia, no son bilingües y tampoco tienen necesariamente conocimientos sobre la educación bilingüe; y para ser francos, la carga de convencer a los administradores escolares y a los maestros de los méritos de estos programas, muy a menudo recae sobre los padres. Un antiguo director neoyorquino de una escuela con programas duales de lengua tanto en español como en francés, dijo lo siguiente respecto a este asunto:

> Los padres son quienes más fuerza tienen. Necesitan hacer peticiones, escribir cartas y quejarse porque eso promoverá el cambio más que cualquier cosa que yo pueda hacer, y tanto como yo o cualquier otro director querría e intentaría. Los padres son quienes realmente tienen el poder. Esto no quiere decir que siempre tengan éxito, pero sí que son capaces de hacerse escuchar por la gente que toma las decisiones.[8]

Como este director bien señala, los padres tienen una voz autoritaria en las comunidades de las escuelas públicas y pueden captar la atención de las personas clave en la toma de decisiones. Su fuerza no debe ser subestimada.

Lo que con frecuencia complica esta ventaja es que las autoridades escolares pueden quedarse cortas en la creación de oportunidades para la organización de reuniones comunitarias en las que las familias tengan oportunidad discutir lo que piensan respecto a qué programas e iniciativas específicos debería implementar la escuela. Este tipo de reuniones pueden ser extremadamente productivas porque reducen los temores que podrían tener los administradores y los maestros respecto a las iniciativas lideradas por los padres, y estimulan el compromiso y la confianza de estos últimos. La emoción, la energía y el impulso que los padres aportan, llegan a ser contagiosos. Las reuniones que los acercan a los educadores ayudan a superar varios de los obstáculos que ambos confronten durante la creación de un programa bilingüe (por ejemplo, escuchando a la gente que ha implementado con éxito programas del mismo tipo, o creando una estrategia conjunta o plan de acción). No obstante, en el caso de que la administración escolar no sea receptiva, los padres tal vez se vean obligados a tomar caminos alternativos, y quizá, rutas con un nivel más alto de confrontación para establecer programas duales de lengua en sus escuelas locales. Aunque las quejas siempre deberán usarse como un último recurso en el establecimiento de un programa dual de lengua, ocasionalmente es la única manera de iniciar un diálogo con las autoridades escolares cuando no existen los canales adecuados para darle la bienvenida y apreciar las opiniones de las familias. Es recomendable que los padres estén conscientes de su capacidad de negociación y de sus derechos, pero siempre deben, en primer lugar, tratar de forjar relaciones productivas y cooperativas con los otros actores de sus comunidades educativas.

Los padres necesitan estar conscientes de que todo cambio importante viene con una resistencia natural, particularmente de quienes no están involucrados. Conocer a la mayor parte de la comunidad escolar es esencial para el éxito de todos los programas duales de lengua. En la Ciudad de Nueva York, por ejemplo, muchos jefes de familia que desean establecer este tipo de programas buscan las escuelas de su distrito que podrían beneficiarse con un aumento en las inscripciones, o que recibirían con gusto un incremento de fondos. Es posible que estos grupos de padres den la impresión de venir de fuera y de estar imponiendo su voluntad en la población escolar existente, ya sea de forma intencional o no. Las familias nuevas deben ser cuidadosas y evitar conflictos con la base de padres original de la escuela, y deben prestar atención especial a la necesidad de integrarse a la fibra completa de la comunidad escolar, más allá del programa dual de lengua mismo. Es imperativo asegurarse de que todos los beneficios de contar con otra comunidad cultural en la escuela se extiendan a todos los estudiantes. Este objetivo se puede lograr proveyendo a todos los niños de la institución, oportunidades como programas de enriquecimiento, excursiones y recursos pedagógicos.

Cultivar la comunidad

Los padres de distintos orígenes y comunidades étnicas pueden volverse arquitectos de oportunidades de la educación bilingüe que beneficien el patrimonio de su propia comunidad. En la Ciudad de Nueva York, a una gran mayoría de familias interesadas en establecer nuevos programas duales de lengua cerca de sus hogares, los motiva un fuerte anhelo de conservar su herencia lingüística, el cual va más allá de un simple deseo de desarrollar habilidades en el idioma inglés. Las comunidades con patrimonio pueden fortalecer los lazos lingüísticos que las unen, a través del reforzamiento y el apoyo a los programas duales de lengua. No basta con desarrollar y mantener un idioma en casa sin el refuerzo oral y escrito de la escuela. La pérdida del idioma y la incorporación a la sociedad estadounidense ocurre con rapidez, en especial en el caso de los niños. Los programas duales de lengua son ideales porque ofrecen un alto porcentaje de educación cotidiana tanto en el idioma objetivo como en el inglés, lo que les permite a los niños mejorar sus habilidades en ambos idiomas dentro de un contexto académico. Que sus hijos reciban este tipo de educación, depende de los padres de las comunidades con patrimonio. Es su derecho y vale la pena luchar por ello.

Apoyar el desarrollo académico de su lengua natal tiene ventajas claras y probadas para las familias con patrimonio lingüístico. Por ejemplo, si los miembros de mayor edad de la familia como los abuelos, hablan una lengua heredada o patrimonial, el programa dual de lengua puede permitirles a los niños desarrollar relaciones con ellos a pesar de las brechas generacionales y de idioma. Los beneficios son aún mayores para los padres que hablan otros idiomas que no son inglés. Los programas duales de lengua les permiten a los niños desarrollar vínculos más profundos con sus padres porque pueden conversar con ellos fácilmente en su lengua natal. Por desgracia, el problemático fenómeno de la pérdida de la lengua materna es demasiado común en Estados Unidos. Los padres inmigrantes sienten que no les deberían hablar a sus hijos en su lengua materna porque eso les impedirá aprender inglés, o les preocupa que el bilingüismo los convierta en sujetos de discriminación. Como resultado, algunas familias eligen activamente hablarles en mal inglés a sus niños en lugar de hablar con perfecta fluidez su lengua natal. Esta práctica no ayuda, de hecho dificulta el desarrollo de las habilidades lingüísticas generales de los niños. Los programas duales de lengua sirven para contrarrestar estas dañinas prácticas ya que ofrecen educación significativa tanto en inglés como en la lengua patrimonio de los estudiantes, porque lo hacen en un entorno académico, y porque la fluidez en uno de los idiomas refuerza la fluidez en el otro.

Los programas duales de lengua también ofrecen la rarísima y única oportunidad de que los diversos grupos de personas de una comunidad cultiven relaciones, y permite superar las tradicionales "barreras" de identidad. Cuando los niños de distintos patrimonios lingüísticos, cultura y, quizá, estatus socioeconómicos, interactúan diariamente en el salón de clases, las familias tienen la oportunidad de formar, tarde o temprano, amistades y relaciones que crucen estas fronteras aparentemente impenetrables. Por otra parte, los programas de este tipo benefician a toda la comunidad porque captan la ayuda de padres con motivación para colaborar en las causas escolares generales, lo cual aumenta la capacidad para recaudar fondos y enriquece las ofertas extracurriculares de la institución. A menudo, los vecindarios con programas duales de lengua establecidos y lanzados recientemente, de inmediato se vuelven más deseables debido a que los padres buscan con avidez un plan de estudios de este tipo. Esto tiene un impacto positivo en la economía local y en la calidad de vida del vecindario, y por consiguiente, permite la expansión de los programas mismos.

Asimismo, para muchos directores, el programa dual de lengua es una manera de dejar un legado en la escuela a través de la aceptación del carácter distintivo del bilingüismo. Estos programas suelen tener la capacidad de salvar a una escuela en decadencia, mejorar las calificaciones de los exámenes en todas las materias, incluso idiomas, arte y matemáticas; o de brindarle una nueva identidad a una escuela desaprovechada.[9] Una directora comentó lo siguiente respecto a su programa:

> El programa dual de lengua en francés lo iniciamos en la escuela pública 133 de una forma muy orgánica. En 2009 un grupo de padres francófonos me pidió considerar la posibilidad de abrir el programa. Acompañada de mi asistente de dirección que, por cierto, es entrenadora de alfabetización, visité una escuela vecina con un programa de este tipo, y me pareció que sería una incorporación maravillosa [...] En 2010 contraté a una maestra bilingüe y abrí una clase independiente dual de lengua. Simplemente digamos que fue un éxito rotundo. Al año siguiente abrimos dos kínderes y un grupo de primer grado, y desde entonces hemos añadido dos grupos cada año. Los programas duales de lengua son un rasgo característico de nuestra escuela, la cual tiene estudiantes provenientes de muchos entornos lingüísticos diferentes. El éxito del programa en francés motivó a los padres de origen hispano a solicitar un programa en español. Ahora, cinco años después, no podría imaginarme un día sin escuchar francés y español en las aulas y los corredores.[10]

En este caso los padres no sólo convencieron a la directora de su escuela de establecer un programa dual de lengua en francés, también fueron esenciales en la decisión de la institución de ofrecer un programa en español. El esfuerzo de estas dedicadas familias transformó de manera eficaz una escuela monolingüe en un modelo de la educación con programas duales.

Construcción del éxito

Una vez que se ha establecido el programa dual de lengua de una escuela, los padres juegan un papel inmenso en el apoyo al mismo. Ellos pueden actuar como embajadores de su idioma y su cultura en la comunidad escolar a través de la organización de eventos de enriquecimiento cultural o de actividades y talleres después de clases. Es muy importante demostrar que todos los niños de la escuela están expuestos a algo de valor, y que no se trata de un privilegio que sólo beneficia a los estudiantes del programa. Asimismo, los padres pueden proveer la asistencia que tanto se necesita en el interior y afuera del salón de clases. Por nombrar tan sólo algunas actividades, pueden leer en voz alta para los estudiantes; colaborar con la adquisición de materiales para el salón bilingüe; cocinar un platillo cultural para que los estudiantes lo prueben; o proveer ayuda con las tareas para los estudiantes que no tienen en casa un sistema de apoyo lingüístico. De la misma forma que sucede en los salones monolingües, los padres de los programas duales pueden ofrecerse como chaperones para excursiones que enriquezcan las actividades en múltiples idiomas fuera del salón de clase. Marie Bouteillon, antigua maestra de programa dual de lengua de la Ciudad de Nueva York, es una reconocida asesora de la educación bilingüe. Aquí describe la enorme ayuda que recibió de los padres en las excursiones escolares:

> Lo difícil para mí fue que, cuando yo daba clase, el francés era la lengua de la minoría. Cuando íbamos a las excursiones y todo se decía en inglés, el hecho de tener chaperones francófonos hizo una gran diferencia. Fue fabuloso reunirlos con mis estudiantes que hablaban predominantemente en inglés. El encuentro les abrió la mente a algo completamente distinto, y además, hablaron francés en un entorno social, más que académico. Fue muy agradable.[11]

La cantidad de apoyo que los padres pueden proveer a los salones de programas duales de lengua no tiene límite, y además, su compromiso puede garantizar que los programas funcionen sin contratiempos y tengan un éxito rotundo.

Además de ofrecer su tan apreciada y necesaria ayuda, los padres también deberían ser sensibles y tratar de no causar estrés innecesario, en especial al principio del programa. Antes de saltar a cualquier conclusión basada en opiniones personales respecto a cómo debería llevarse a cabo la educación bilingüe, a los maestros y los directores se les debe dar crédito y reconocer como instructores y administradores capaces. Dado que el programa bilingüe no se desarrolla de la noche a la mañana, los padres deben entender que el trabajo de los maestros es extremadamente exigente y deben apreciar el esfuerzo que implica construir un programa de este tipo. Deberán reservarse sus juicios respecto a los estilos particulares de enseñanza y tener presente que los maestros de los programas duales de lengua están tratando de navegar de forma intuitiva en dos o más culturas, formas de aprendizaje e idiomas distintos. No es una tarea sencilla. La mejor manera en que los padres pueden interactuar con el salón de clases es motivando a los maestros y brindándoles su ayuda siempre que esta sea solicitada.

Los maestros aprecian mucho la retroalimentación relacionada con los desafíos que enfrentan los padres, ya que es casi imposible anticipar los obstáculos que podrían encontrar en su camino. En lugar de adoptar una postura acusatoria, los padres deberían permitirle al maestro de sus hijos explicar el razonamiento que sustenta las decisiones tomadas en el salón de clases. Por supuesto, es perfectamente aceptable formular preguntas que clarifiquen las dudas, pero poner a los maestros o a los administradores a la defensiva después de meses, o incluso años de planear un programa específico, probablemente no tendrá un resultado positivo. Es importante que los padres sean considerados al interactuar con los maestros y los administradores de la escuela porque para dirigir programas duales de lengua se requiere de gente especial, y estos profesionales es seguro que estén privilegiando el éxito de sus clases sobre todo lo demás.

Una vez que el programa haya adquirido ímpetu, llegará un momento en que los padres, y en particular los fundadores, necesiten soltar su iniciativa y permitir que la escuela se haga cargo. Quizá para algunos será difícil renunciar al grado de control que llegaron a tener para establecer el programa, pero este será un buen momento para que piensen de qué manera continuarán organizándose al margen del papel como supervisores del plan de estudios e implementadores que ahora asumirá el maestro. Los padres podrían destacar las zonas en las que el idioma objetivo no esté presente en la comunidad escolar, y crear nuevas oportunidades para que se practique a través de, por ejemplo, la invitación a artistas y escritores a la escuela, la presentación de un pabellón cultural en el marco de una feria escolar, o la organización de visitas a negocios locales, centros culturales o museos donde se hable dicho idioma. Los padres pueden involucrarse más con la biblioteca de la escuela donando libros o haciéndose cargo del inventario, el mantenimiento, el préstamo, la devolución y las selecciones. Incluso tareas sencillas en la escuela como hacer etiquetas para señalamientos multilingües en los pasillos o llevar a cabo talleres para los alumnos en la hora del almuerzo o después de clases, pueden beneficiar enormemente al aula del programa dual de lengua. También se pueden organizar actividades veraniegas de enriquecimiento para que los estudiantes no olviden todo lo que aprendieron el año anterior. Las actividades deportivas, musicales, teatrales y artesanales, por nombrar sólo algunas, pueden organizarse en el idioma objetivo. Finalmente, este tipo de actividades son las que hacen que el proceso de aprendizaje del idioma sea divertido e interesante para los estudiantes de los programas duales.

Por último, otra manera de apoyar a una escuela sería involucrándose en la recaudación de fondos. En el contexto de los programas duales de lengua, es importante considerar que, en ciertas comunidades lingüísticas, la filantropía no es comprendida ampliamente o practicada siquiera. Esto, sin embargo, no significa que una comunidad en particular no sea generosa o dadivosa, sino más bien, que tiene una forma distinta de entender lo que es aceptable y lo que implica la caridad. Por esta razón, motivar a los padres para que se involucren en una actividad de recaudación de fondos, deberá planearse con base en una buena comprensión de la forma en que, culturalmente, la comunidad da. Un grupo podría sentirse perfectamente cómodo haciendo un cheque o donando dinero en efectivo para ayudar a cierta iniciativa o a la escuela de manera general. Otros podrían recurrir a su propia red de conocidos o apelar a sus empresas. Algunos más quizá prefieran donar su tiempo para investigar distintas maneras de obtener recursos adicionales.

Una de las herramientas de recaudación de fondos más eficaces que los líderes de programas duales de lengua usan de manera recurrente, es la organización sin fines de lucro, la cual pueden fundar los padres como una entidad legal. Una organización de este tipo permite llevar a cabo la recaudación de fondos al margen de los parámetros de la escuela.[12] Este método puede ser particularmente eficaz cuando la escuela no está en posición de autorizar ciertas recaudaciones o no quiere responsabilizarse ante el distrito de las actividades de un grupo de apoyo ajeno a la institución. De esta manera los padres pueden donar dinero de la organización sin fines de lucro a la escuela para comprar libros nuevos, cubrir el costo de una excursión, o incluso para enviar a un maestro a una conferencia, entre muchas otras posibilidades. Esta acción colectiva tiene el poder de encender una chispa en los padres que saben que, finalmente, contribuyeron con algo tangible.[13]

Algunos padres van más allá de lo que su responsabilidad implica e incluso deciden convertirse en maestros de programas duales de lengua. En Nueva York, muchos padres han decidido volver a la escuela para obtener su maestría en educación bilingüe porque les apasiona la materia y porque quieren dedicar su vida a ello. Este tipo de compromiso personal puede garantizar la longevidad de un programa y resaltar la inquebrantable devoción a los programas duales de lengua que existe en muchas comunidades familiares. Los padres son el viento que empuja las velas de todos los programas duales, desde el financiamiento hasta la implementación y la duración a largo plazo. Los padres de todo el mundo están empezando a entender que tienen el poder de influir y promover el cambio en sus comunidades escolares, y de establecer programas bilingües que beneficien a sus hijos de por vida. Si ellos logran controlar este poder, será imposible decir hasta dónde se extenderá la revolución bilingüe.

CAPÍTULO 2

Un cambio de panorama:
El primer programa japonés de
Brooklyn

Después de oír hablar de varios programas duales de lengua en escuelas públicas de la Ciudad de Nueva York y Los Ángeles, cinco madres de Brooklyn llegaron a la conclusión de que no querían menos que eso para sus hijos. Como no había un programa de este tipo en los alrededores, asumieron el desafío de establecer un programa dual de lengua en japonés e inglés partiendo de cero: sería el primero en su tipo de la Ciudad de Nueva York. El grupo de cinco madres incluía a la japonesa Yumi Miki, la suizo-japonesa Monica Muller, la coreana-estadounidense Hee Jin Kan, la taiwanesa-estadounidense Yuli Fisher, y a la china-estadounidense Lanny Cheuk. Yumi y Monica eran las únicas del grupo que hablaban japonés con fluidez; las otras tres madres casi no sabían o definitivamente no hablaban el idioma, y no tenían vínculos significativos con Japón o con la comunidad japonesa. Se conocieron gracias al grupo para citas de juegos en el verano Summer Hui, el cual es, a su vez, un subgrupo de una conocida red en Internet de padres de Nueva York llamada Brooklyn Baby Hui. Las madres organizaban citas a través de este grupo de verano para que sus niños pequeños jugaran, y se reunían con regularidad en parques locales. Las cinco se hicieron amigas rápidamente y poco después ya estaban hablando sobre las escuelas. Varias ya habían escuchado hablar de un exitoso programa dual de lengua en francés que se abrió en una escuela pública cercana, y empezaron a imaginar cómo sería tener un programa similar en japonés. Las madres empezaron con estas discusiones informales en parques y zonas de juego, y luego organizaron y desarrollaron un plan para hacer realidad su programa de ensueño.

Afortunadamente las madres compartían opiniones similares respecto a la educación multilingüe, creían que era importante estar expuesto a otros idiomas en la niñez, y entendían las ventajas potenciales y los beneficios académicos de participar en un programa dual de lengua sólido. Lo más importante, quizás, es que compartían el deseo de cambiar el panorama de la escuela como lo describió una de ellas de una forma muy bella:

> Sentimos que sería más sencillo crear nuestro propio programa para elevar el nivel de otra escuela del distrito. La razón por la que a los padres les resulta tan estresante solicitar el ingreso al kínder o al prekínder en Nueva York, es que la disparidad existente entre las escuelas buenas y las malas es enorme. Nos pareció que el programa dual de lengua era una manera de contribuir a la escuela y la comunidad, de llevar mejor educación a más niños, y de ofrecerles educación bilingüe a nuestros hijos. Queríamos cambiar el panorama con el Plan Central, No Child Left Behind (Ningún niño se queda atrás), y todas las pruebas que se estaban usando para evaluar a los maestros y las escuelas. Pensé: "¿Qué puedo hacer como madre para darle la vuelta al sistema y proveerle a mi hijo una educación que me parece de mejor calidad?"[14]

Con este objetivo en mente, el grupo de madres se acercó a gente que tenía experiencia en la creación de programas similares, incluyéndome. Juntas, trabajaron incansablemente como equipo, siguieron y adaptaron el plan —que en realidad era una versión condensada del que se presenta en este libro—, para que coincidiera con las necesidades de su proyecto. Durante todo el proceso las madres estuvieron conscientes de que eran pioneras, y que para tener éxito tendrían que convencer de los méritos de su labor, a la comunidad japonesa, a los líderes escolares y a la comunidad escolar.

Se encuentra un modelo

El recientemente formado grupo del programa dual de lengua en japonés comenzó explorando los programas existentes e investigando modelos eficaces. Poco después encontraron en Glendale, California, en el área de Los Ángeles, dos escuelas públicas que habían ofrecido desde 2010 programas duales de lengua de dos vías, en japonés e inglés.[15] El programa de Glendale fue iniciado por algunos padres que reunieron firmas y más adelante se presentaron en el distrito escolar para solicitar un plan bilingüe. Cuando les otorgaron la autorización, se inauguró el programa con un grupo de primer grado y dos grupos de kínder. En Glendale, la mitad del día se enseña en japonés, y la otra mitad en inglés, y hay dos grupos de maestros. A este se le llama el "modelo lado a lado" (side-by-side model). Alrededor de cuarenta por ciento de la población escolar habla japonés con fluidez cuando entra al programa. Algunos niños son hijos de japoneses, otros son japoneses-estadounidenses, y otros más no tienen antecedentes japoneses pero sus padres están interesados en la cultura o aprendieron el idioma cuando estudiaron en la universidad. Cuando los padres que desean inscribir a sus hijos en la escuela, visitan las instalaciones, los administradores se aseguran de que en verdad les interese el idioma porque tendrán que comprometerse con sus hijos al programa completo de siete años, del kínder al sexto grado. Por esta razón, es comprensible que resulte increíblemente difícil para la escuela reemplazar a los niños que se van de repente, después de haber pasado algunos años en un programa de estas características. Esto se debe, de manera general, al hecho de que los niños que llegan a ocupar un lugar ya avanzadas las clases, necesitan contar con un buen manejo de ambos idiomas para seguirles el paso a sus compañeros que han estado en el programa desde que entraron a esa escuela.

El programa dual de lengua en japonés de Glendale, enseña lectura y escritura en japonés desde el principio; hace uso de los símbolos del hiragana en el kínder, y cuando los niños entran a primer grado, se añaden el katakana y los kanjis (ideogramas). Aunque es intensivo y tiene un ritmo acelerado, el programa permite la organización de actividades divertidas y el uso de artefactos tecnológicos como los pizarrones interactivos. Lo más importante es que los estudiantes del programa han tenido un excelente desempeño académico. A cinco años del lanzamiento del programa, la escuela llevó a cabo su propio análisis de las calificaciones de las pruebas en inglés. A partir de su información, la institución encontró evidencia de que, tras cinco años de participar en el programa, los estudiantes bilingües superan a los estudiantes de programas monolingües en inglés.[16]

El personal de enseñanza del japonés de la escuela está conformado por hablantes nativos del idioma, algunos japoneses-estadounidenses, y una maestra que trabajó en Japón y está casada con un ciudadano de ese país. En cuanto al personal del idioma inglés, los maestros monolingües les enseñan a dos grupos alternados de alumnos que estudian en inglés todo el día. Los maestros que hablan inglés no tienen que entender japonés, lo que fuerza a los estudiantes a hablarles a sus profesores en inglés exclusivamente. Con los maestros de japonés sucede a la inversa. Una de las ventajas del modelo lado a lado es que reduce el número de maestros del idioma objetivo necesarios para el programa. Esto sirve para lidiar con la desafiante labor de encontrar maestros capacitados que hablen japonés, que cuenten con certificación del estado de California y que tengan permiso para trabajar en Estados Unidos. La escuela también contrató a algunos asesores y profesores universitarios para que ayudaran con el arranque del programa. Los directores de la escuela tomaron en cuenta todos estos puntos con el apoyo de los padres, y juntos llevaron a cabo una sólida colaboración.

Se forma un programa en Brooklyn

Nuestras cinco madres de Brooklyn aprovecharon estos valiosos hallazgos en Glendale para fortalecer sus argumentos y armar su estrategia, también investigaron la comunidad japonesa en Nueva York para averiguar qué padres estarían interesados en el programa. Yumi y Monica se convirtieron en los enlaces entre el grupo y la comunidad japonesa, y poco después pudieron aprovechar los vínculos que establecieron con los hablantes locales de japonés para llegar a un número más grande de familias interesadas en unirse al programa. Este paso fue clave porque contar con una cantidad crítica de padres y estudiantes viables, es una de las maneras más eficaces de convencer a los directores de la necesidad de establecer programas duales de lengua.

Con sus hojas de cálculo en la mano, Yumi y Monica difundieron las noticias entre las organizaciones de la comunidad japonesa, puerta por puerta. Visitaron la Brooklyn Japanese American Family Association, una organización sin fines de lucro que patrocina actividades culturales japonesas y ofrece programas de fin de semana y para después del horario escolar; y también fueron a Aozora Gakuen, una escuela progresista con un programa híbrido dirigido a las familias japonesas que planeaban permanecer en Estados Unidos. El grupo también se acercó al Consulado de Japón en Nueva York y a Japan Society, una organización no gubernamental cuya misión es, principalmente, cultural y educativa.[17]

Públicos distintos

Una de las cosas que descubrió poco después el grupo del programa dual de lengua en japonés, fue que ya existían varias escuelas japonesas privadas.

Sin embargo, estas escuelas atendían a los niños de gente japonesa que estaba trabajando en Nueva York, pero luego regresaría a su país de origen. Estas escuelas emulaban a sus contrapartes en Japón para que los niños de los expatriados pudieran conservar su idioma y estuvieran preparados para reintegrarse al sistema escolar japonés cuando regresaran. Como este sistema ya está establecido en Nueva York, muchas familias de expatriados no necesariamente considerarían apoyar un programa dual de lengua en una escuela pública por varias razones, entre las cuales la más importante sería que dichos programas en realidad no cubren los requisitos de las escuelas japonesas ni las propias expectativas de los padres respecto a la educación de sus hijos.

Por todo lo anterior, el grupo empezó a acercarse a los padres que estaban considerando estancias más permanentes en Estados Unidos y que sentían que sería importante para sus niños desarrollar habilidades de lectoescritura en inglés. También se enfocaron en las familias de orígenes étnicos mezclados, en especial aquellas con un padre japonés y el otro estadounidense. Estas familias ansiaban garantizar que sus hijos conservarían sus vínculos bilingües y biculturales con ambos países.[18] La noción de que los alumnos de un programa dual de lengua pudieran conservar un idioma al mismo tiempo que aprendían otro, también era muy atractiva para los padres japoneses.

El sondeo que hicieron las madres en la comunidad también esclareció algunas de las preocupaciones que tenían los padres respecto a las escuelas públicas, incluyendo la calidad general de la educación pública en la Ciudad de Nueva York, los alimentos que se servían en los almuerzos escolares, e incluso su temor a que los niños en programas duales de lengua desarrollaran un acento en inglés o en japonés. En esta fase inicial de investigación, el grupo del programa dual de lengua en japonés también descubrió que algunas escuelas privadas estaban incluso preocupadas de que debido a la iniciativa de los programas duales, les robaran a sus maestros.[19]

El grupo se dio cuenta de que si los padres inmigrantes no tenían planes de regresar a su país de origen en el futuro cercano, tendían a buscar escuelas de alta calidad con antecedentes sólidos de excelencia académica que les ofrecieran una base educativa sólida para el futuro de sus hijos; y como el proyecto de los programas duales no contaba con una reputación bien establecida, ciertos padres lo veían con escepticismo. Al descubrir esto, el grupo de madres llegó a la conclusión de que la iniciativa para hacer un programa en japonés necesitaba enfocar su energía en ganarse la confianza de las familias titubeantes.

Reclutar a nuevos padres de manera constante se convirtió en una tarea esencial para que el grupo pudiera empezar a comunicarse a una escala mayor. Las madres usaron Internet para reunir información a través de encuestas en línea, y para publicar información que mantuviera a los padres al día sobre los avances de la iniciativa. También se creó un blog para lograr varios objetivos:

> Nuestro blog se abrió para atraer a la gente al proyecto al mismo tiempo que señalábamos un estatus [para la iniciativa]. Publicamos el plan y artículos sobre los beneficios del bilingüismo, y simplemente tratamos de vender el programa. Ninguna de nosotras había tenido un blog antes de eso, así que sólo fuimos averiguando cómo hacerlo. Tratamos de poner al lado una barra de desplazamiento con los puntos clave: quiénes éramos, cómo comenzó todo, por qué lo estábamos haciendo, cuál era la escuela, y en que esperábamos que se convirtiera el programa. También podías sólo recibir noticias para ponerte al día.[20]

La comunicación en masa captó bastante atención para la iniciativa, incluso de medios noticiosos en japonés de Nueva York y Japón. Al principio eran solamente cinco madres con un plan, pero el grupo atrajo a muchas familias interesadas con suficientes niños para abrir una clase inicial un año antes de lo previsto. Al mismo tiempo, las madres causaron suficiente interés para las siguientes clases. También recibieron solicitudes de familias cuyos niños ya estaban estudiando en alguna escuela, y que se sentían desilusionadas porque ya estaban demasiado grandes para unirse al programa que se había previsto que comenzara en kínder.

Encontrar la escuela pública adecuada

Por esa misma época el grupo de madres empezó a visitar escuelas y a buscar una administración con una filosofía curricular que coincidiera con su visión. Siempre iban juntas y, por lo general, les daban un tour privado. Lanny encabezó las visitas porque era la que contaba con más experiencia en la interacción con escuelas:

Contar con Lanny, una educadora que estaba familiarizada con el Departamento de Educación porque había sido maestra, fue esencial. Cuando visitábamos las escuelas, ella sabía qué preguntas hacer y qué buscar en términos de los planes de estudios, la interacción de los maestros con los estudiantes, la filosofía administrativa, y cómo se manejaban los dirigentes. Todo eso fue de gran ayuda. Sin su conocimiento no habríamos llegado tan lejos.[21]

A las madres no les tomó mucho tiempo encontrar algunas escuelas que les gustaron bastante, ubicadas suficientemente cerca de sus hogares. Sus conversaciones con los directores también les ayudaron a reducir sus opciones a dos escuelas en el norte de Brooklyn, y finalmente, a una en Bushwick: la escuela pública 147 .

Después de elegir la escuela, las madres comenzaron a hacer planes con la administración de inmediato. Una de las primeras preocupaciones de los padres interesados en el programa dual de lengua en japonés, en especial en el caso de las familias japonesas, fue la discriminación. Al principio querían que todos sus niños estuvieran en el mismo grupo, sin embargo, las cinco madres fundadoras respondieron con un convincente contraargumento: no querían que el programa dual de lengua en japonés pareciera un grupo de élite segregado. Con ayuda de algunos asesores, las madres y los directores de la escuela desarrollaron un plan para integrar el aula del programa dual de lengua a la escuela, el cual incluía hacer que los estudiantes en el interior y el exterior del programa en japonés se reunieran con regularidad y participaran en un proyecto semanal conjunto. Toda esta planeación intensiva garantizó que, en la medida de lo posible, ningún niño se sintiera aislado o despojado del aprendizaje que se estaba llevando a cabo en el programa dual o en el regular.

Dado que la iniciativa recibió un apoyo abrumador antes de lo esperado, dar inicio al programa japonés con poco tiempo significó enfrentar problemas técnicos con los centralizados procedimientos de registro del Departamento de Educación, y ajustarse al paso burocrático general del sistema escolar público que no siempre era tan rápido como esperaban los padres. Por esta razón, la iniciativa tuvo demoras que causaron un impacto en el reclutamiento de las familias, en especial de las que hablaban japonés y vivían fuera de la zona escolar. Así pues, el primer grupo de kínder no pudo comenzar con una mezcla perfecta 50/50 de hablantes nativos del japonés y del inglés como se había planeado. Esta dificultad representó una fuente importante de frustración para las madres fundadoras y fue un golpe duro para el ánimo del grupo en general. Al final, sólo una de las integrantes originales del programa dual de lengua en japonés se inscribió al programa, y las otras se negaron a hacerlo debido a razones personales o porque se mudaron de la zona.

No obstante, Sandie Noyola, directora de la escuela pública 147 soportó la presión para renunciar a la iniciativa, y abrió el programa con la esperanza de que las dificultades burocráticas se disiparan pronto. Contrató a una maestra que hablaba japonés y que reunía las acreditaciones necesarias, y lanzó el programa. Se abrió un grupo de prekínder que atrajera a niños que hablaran japonés y a niños cuyas familias estuvieran interesadas en el programa; y se proveyeron contenidos lingüísticos y culturales enriquecidos gracias al apoyo de Japan Society. El grupo abrió con un buen equilibrio de hablantes nativos del japonés y hablantes nativos del inglés, y así se empezó a cimentar la base para construir el programa.[22]

Un regalo para el futuro

Tanto los padres veteranos como los nuevos, se han puesto a la cabeza para apoyar y enriquecer el programa japonés en Brooklyn. Trabajaron incansablemente para establecer su reputación y conseguir la confianza de los padres japoneses, y se familiarizaron con el proceso de inscripción para ayudar a las familias recién llegadas a hacer sus solicitudes y a entender las regulaciones de zonificación escolar. También complementaron el presupuesto escolar por medio de la constitución de una asociación sin fines de lucro 501 (c)(3)[23] para beneficiar a la institución de manera general, tanto en el interior como en el exterior del programa dual de lengua, el cual continúa vigente. Los esfuerzos de los padres de la escuela pública 147 para recaudar fondos ya le permitieron a la institución invertir en sus alumnos y en su plan de estudios; los fondos se usaron para comprar libros, cubrir el costo de excursiones, entrenar a maestros y apoyar los programas de enriquecimiento de la escuela.[24]

El regalo que las madres fundadoras le dieron a la sociedad es increíblemente importante a pesar del hecho de que no pudieron cosechar los beneficios de su ardua labor. Como resultado de su trabajo, el primer programa dual de lengua japonés-inglés de Nueva York abrió sus puertas en septiembre de 2015 en la escuela pública 147 del norte de Brooklyn. Como ya pudimos ver, esta iniciativa enfrentó grandes desafíos, desde encontrar una escuela y lograr que se inscribieran suficientes estudiantes de ambos idiomas para fundar el programa y mantener el interés a pesar de las grandes decepciones que se presentaron. Aunque hubo contratiempos, el espíritu del equipo fundador fue suficientemente vigoroso para impulsar el programa más allá de los obstáculos iniciales. Su intercambio de ideas, la visión compartida, el compromiso personal y el trabajo en equipo fueron elementos esenciales para la creación de este programa único en su especie. Su iniciativa sigue progresando gracias a que un nuevo ciclo de padres y educadores nutren ahora este incipiente programa. Asimismo, varios padres japoneses de la Ciudad de Nueva York y de más allá, escucharon hablar de la iniciativa y se sintieron inspirados a establecer programas duales en sus propios vecindarios. Nuestras madres japonesas impulsaron a otros a crear sus propios proyectos, y de esa manera se cerró el círculo.

La pasión, el entusiasmo compartido, y la prueba de que, efectivamente, es posible que un grupo de cinco madres establezca un programa de este tipo, también inspiró a otras comunidades lingüísticas a unirse al movimiento de la educación bilingüe como lo muestran las historias que se presentarán a continuación de las iniciativas lingüísticas italiana, rusa y alemana. Esta es la historia por antonomasia de la Revolución Bilingüe. A partir del esfuerzo y de la visión de unas cuantas personas se puede crear un movimiento completo que permita llevar la educación bilingüe a las escuelas públicas.

CAPÍTULO 3

Convocar a la comunidad:
Tres intentos para un programa italiano

Muchos padres recién llegados a Estados Unidos están más que dispuestos a tomar en sus propias manos la educación de sus hijos, y a veces, incluso han puesto el ejemplo cuando ha sido necesario. En medio de una búsqueda personal, un grupo de expatriados italianos recién llegados se encontró con los programas duales de lengua que otras comunidades lingüísticas pudieron establecer en toda la Ciudad de Nueva York. Así dio inicio un viaje largo y a veces arduo hacia la inauguración de un programa dual de lengua italiano en la ciudad. Los padres eran Martina Ferrari, Stefania Puxeddu, Piera Bonerba y Marcello Lucchetta. Su historia ilustra los muchos desafíos y éxitos que pueden llegar a enfrentar las nuevas iniciativas. Con no sólo uno ni dos, sino tres intentos para establecer un programa, la comunidad italiana señala lo importante que es la perseverancia para los padres comprometidos con la educación de sus hijos.

Los italianos y los ítalo-estadounidenses forman una de las comunidades más grandes e interconectadas de la Ciudad de Nueva York. De acuerdo con información de American Community Survey, en 2014, ochenta y cinco mil personas de cinco años o más de la ciudad hablaban italiano en casa; treinta mil de ellos declararon que no hablaban bien inglés. Además de los hablantes nativos, también hay muchos ítalo-estadounidenses en la ciudad que quieren preservar su cultura italiana, en particular en ciertas secciones de Brooklyn como Bensonhurst, Bay Ridge y Carroll Gardens. Hay información de un censo de 2014 que confirma que más de quinientos mil residentes de la Ciudad de Nueva York reportaron ser de ascendencia italiana, pero a pesar de estas elevadas cifras, el grupo del programa dual de lengua en italiano nunca dio por sentado que sería fácil conseguir una

41

cantidad importante de padres interesados para armar el caso y solicitar un programa dual de lengua. La fuerza impulsora del siglo XXI: los expatriados de todo el mundo

Los jóvenes y educados italianos que conformaron el grupo fundador del Programa Dual de Lengua en italiano llegaron a Estados Unidos en busca de oportunidades prósperas de empleo y de un cambio de ritmo emocionante. Como muchos expatriados de primera generación, adoptaron con celeridad el estilo de vida estadounidense y empezaron a tener hijos propios. Su trabajo los mantiene en contacto constante con Italia, y también hablan italiano en casa. Estos modernos inmigrantes regresan con frecuencia a su tierra natal acompañados de sus hijos para mantener sus raíces italianas vivas. Las vacaciones de verano y de fin de año son importantes porque les sirven para reunirse con los abuelos, visitar a los primos y permitir que sus hijos se sumerjan en su cultura y su lengua materna.

No obstante, este grupo de padres descubrió que, a pesar de que se hablaba el italiano en casa, conforme sus hijos crecían, su lengua materna comenzaba a erosionarse con rapidez. Esto se debía al hecho de que estaban rodeados de maestros y estudiantes que sólo hablaban inglés en los preescolares y en las comunidades. Además, también era posible que en casa se hablara inglés con mayor frecuencia, en especial si la lengua materna de uno de los padres no era el italiano. Como lo explica Marcello, las familias hacían esfuerzos importantes por apegarse al italiano:

> Nos esforzamos mucho por darles a los niños más pequeños elementos de la cultura italiana. Les leemos libros en italiano y les hacemos preguntas para ver si recuerdan cierta palabra. Las películas y las caricaturas les ayudan a absorber un poquito del idioma. A veces hablamos de las diferencias como "Esta es la pasta como la hacemos en Italia". Siempre hacemos comparaciones sutiles sobre la forma en que la gente la prepara aquí y la forma en se hace en Italia.[25]

Las discusiones más complicadas en italiano exigían más tiempo y paciencia por parte de los padres porque el vocabulario en italiano de sus hijos no se desarrollaba como el vocabulario en inglés. A menudo los niños tendían a responder en inglés a preguntas formuladas en italiano. Algunos incluso desarrollaron un fuerte acento estadounidense en su italiano. Los dedicados padres se siguieron esforzando al máximo por conservar su patrimonio lingüístico en el hogar, pero poco después se dieron cuenta de que, a pesar de todo su esfuerzo, su método no sería suficiente para que sus niños desarrollaran fluidez en su lengua materna, y llegaron a la conclusión de que un programa dual de lengua les proveería la mejor oportunidad para que pudieran sentirse cómodos en ambas lenguas.

Los padres se acercaron a Ilaria Costa, directora ejecutiva del Comité Ítalo-Estadounidense de Educación en Nueva York, y ella, a su vez, los puso en contacto con Lucia Pasqualini, la vicecónsul italiana, y con Carlo Davoli, Agregado de Educación del Consulado de Italia. Estos funcionarios pudieron difundir las noticias respecto a la iniciativa para un programa dual de lengua, entre todos los italianos inscritos en el registro consular. Lucia también puso al grupo en contacto con Jack Spatola, a quien conoció en una de sus acostumbradas visitas al bastión italiano de Brooklyn en Bensonhurst. Jack era el director de la escuela pública 172 de Brooklyn, y también era miembro activo de la comunidad ítalo-estadounidense. Asimismo, era presidente de la Federación de Organizaciones Ítalo-estadounidenses de Brooklyn, una organización sin fines de lucro para el servicio caritativo a la comunidad, creada gracias al esfuerzo de docenas de organizaciones que tenían el objetivo de unir, reunir recursos y proveer servicios colectivos a la comunidad italiana y a la Ciudad de Nueva York. Una vez que se establecieron estos contactos, el grupo estuvo listo para sondear las aguas y reclutar a las familias interesadas.

Poco tiempo después Lucia e Ilaria se dispusieron a organizar una reunión informativa en el Consulado Italiano. Se distribuyeron volantes y se publicaron anuncios en las redes sociales, en blogs y a través de la base de datos de correo electrónico del consulado. Para la sorpresa de muchos, la comunidad respondió en masa y se recibieron cientos de confirmaciones de reservación para la reunión. Como los invitados se desbordaban en el salón del consulado, se necesitó instalar televisión de circuito cerrado para atender a los invitados adicionales. Esta impresionante y entusiasta respuesta captó la atención de los medios italianos, quienes llegaron con cámaras y reporteros a cubrir el evento. Al final, la reunión atrajo a una multitud de más de doscientas personas. Los dos salones principales del consulado estaban abarrotados. Ya sólo quedaba espacio para estar de pie, y en los corredores se desparramaba la gente. Fue un momento de victoria para la iniciativa italiana.

La reunión fue organizada en cuatro partes. Comenzó con un panorama general de las ventajas del bilingüismo y de la educación en dos idiomas presentado por Bahar Otcu, un profesor turco-estadounidense de educación bilingüe de Mercy College, Nueva York. Le siguió un panel de padres franceses, japoneses y rusos que habían tenido éxito en la creación de sus propios programas duales de lengua. Los padres explicaron la manera en que convocaron a sus comunidades respectivas, reclutaron familias y presentaron su propuesta a las escuelas que habían seleccionado. Después se presentó un panel de educadores que nos incluía a Claudia Aguirre, entonces directora de la Oficina de Aprendices del Idioma Inglés (English Language Learners Office) del Departamento de Educación de la Ciudad de Nueva York, y a mí. El último panel le dejó la palabra a los padres que contactaron en un inicio al consulado, y a Jack Spatola, quien ofreció su ayuda desinteresadamente. Esta parte de la discusión se enfocó en los esfuerzos del grupo para involucrar a los padres, así como en los pasos que se darían para transformar el entusiasmo general que provocaba la iniciativa, en uno o más programas duales de lengua en escuelas públicas de Manhattan y Brooklyn. Los miembros del grupo también aprovecharon para presentar el blog que habían diseñado, y a través del cual planeaban reunir las respuestas de las familias interesadas, difundir la información y las actualizaciones, y coordinar las propuestas escolares. Con esto se asegurarían de que los padres se dirigieran a la escuela correcta en su área.

Antes de acercarse al director de una escuela para presentar una iniciativa de programa dual de lengua, es esencial reunir un número importante de padres interesados. Sin embargo, esto no es lo único necesario. Cuando se plana un programa nuevo, también se debe tomar en cuenta el apoyo externo de organizaciones de la comunidad; recursos adicionales de financiamiento fáciles de demostrar; acceso a libros y fuentes; y el contacto establecido con los maestros. Sin estos elementos, es posible que la iniciativa fracase. Esto explica por qué, tres años antes de que se lanzara la actual iniciativa de programa dual de lengua en italiano, llegó a su fin una iniciativa similar dirigida por la madre ítalo-estadounidense Christina Prostano.

Las pruebas y las tribulaciones de las iniciativas fundamentales

Los bisabuelos de Christina emigraron de Italia a Estados Unidos a principios del siglo XX, pero con el paso de las generaciones, la capacidad de su familia para hablar italiano fue desapareciendo gradualmente. Christina lamentaba la pérdida y esperaba que sus hijos aprendieran el idioma a pesar de que ella sólo sabía algunas palabras. Primero trató de llenar esa laguna en la educación de sus hijos con una página de Facebook que abrió para llevar a cabo una encuesta sobre el interés en aprender la lengua, a la que respondieron setenta familias que hablaban tanto inglés como italiano. A pesar de la participación de la gente, Christina no pudo reunir los requisitos necesarios para lanzar un programa dual de lengua, como encontrar una escuela que tuviera el deseo y los medios para hacerlo, obtener el apoyo y el financiamiento de organizaciones italianas, y reclutar maestros capacitados. Por desgracia, sus valerosos esfuerzos para echar a andar un programa bilingüe italiano-inglés fracasaron, y tuvo que renunciar a la iniciativa.

Tristemente, el grupo de Lucia e Ilaria también enfrentó obstáculos y no pudo encontrar una escuela ni conservar el interés de los padres involucrados. A pesar del entusiasmo inicial que inspiraron, su iniciativa no se materializó. La pérdida de las familias comprometidas hacia el inicio del año escolar y la falta de compromiso por parte de las escuelas públicas que habían considerado, fue suficiente para que el programa fracasara. El trabajo inicial, sin embargo, sirvió para desencadenar una nueva iniciativa en Bensonhurst dirigida por Jack Spatola y la Federación de Organizaciones Ítalo-Estadounidenses de Brooklyn, para abrir en 2015 el primer grupo prekínder en italiano. Desafortunadamente, este esfuerzo específico llegó demasiado tarde para los hijos del grupo inicial de cinco padres, ya que los niños ahora eran muy grandes para entrar a un grupo bilingüe de kínder. Cuando el grupo fundador pierde las oportunidades que tanto luchó por crear, siempre se presenta un momento muy frustrante para las familias involucradas. Marcello describe su derrota:

> Lo que realmente me habría gustado es que mis hijos entraran a una escuela pública. Estamos aquí por una razón, y hacerlo tiene valor. Mi sueño era que el programa dual de lengua en italiano e inglés se implementara en una escuela pública. No era una cuestión

económica, sino más bien de saber que había otros niños ítalo-
estadounidenses como mis hijos y familias estadounidenses
interesadas en enviar a sus hijos a aprender otro idioma, el mío.
Quizás era una visión de ensueño, fui un poco visionario, pero eso
fue lo primero que pensé.[26]

También fue una pérdida para la sociedad en general porque el programa no
solamente le habría servido a la comunidad italiana, también les habría
ofrecido a muchos niños acceso a una lengua hermosa y a una cultura
extremadamente rica. Marcello y los otros padres todavía tienen la
esperanza de que sus hijos hablen italiano incluso si eso implica que ellos,
como padres, tengan que enseñarles a leer y escribir. No es un reemplazo
perfecto de una educación bilingüe formal, pero es lo único con lo que
pueden trabajar por el momento.

Algunos también buscaron opciones en una escuela privada cercana en
Manhattan, La Scuola d'Italia, pero las altas tarifas de las colegiaturas y el
tiempo que tomaba transportarse a las instalaciones, particularmente en el
caso de las familias del sur de Brooklyn, desmotivaron a muchos. Otros
contrataron nanas italianas a pesar de que para eso requerían de espacio
adicional en casa y, a menudo, cambiar de empleo cada año. Los programas
sabatinos también les ofrecen a las familias la posibilidad de exponerse al
idioma, en algunos casos, con la ayuda de organizaciones italianas o del
Consulado Italiano. Sin embargo, así como sucede con los programas
después de clases a lo largo de la semana, comprometerse con un programa
sabatino además de tener ya un horario bastante apretado, puede ser
demasiado para un niño pequeño. Estos obstáculos como el precio, el
tiempo y los factores del estilo de vida, ilustran la dificultad para preservar
una lengua de patrimonio fuera de las aulas del sistema de educación
pública.

El papel de las comunidades
con patrimonio lingüístico

A pesar de lo sucedido, el trabajo inicial del grupo no fue en vano. Más
adelante su visión por fin rindió frutos con ayuda de Jack Spatola, cuya
experiencia y contactos en el sistema escolar condujeron al establecimiento
del primer programa dual de lengua en italiano e inglés de Nueva York. En
lugar de ser llevada a cabo por los italianos recién llegados, la iniciativa

quedó en manos de italianos de segunda y tercera generación. Lo interesante es que las propias familias de los integrantes de este grupo habían estado en una situación similar treinta o cuarenta años antes. Ellos también tuvieron padres que hablaban italiano en casa mientras ellos asistían a escuelas públicas de Nueva York en las que sólo se hablaba inglés. Fueron testigos del daño lingüístico en el que se incurrió en su propia generación, o tal vez en la de sus padres y, de una forma muy encomiable fueron capaces de movilizarse para revertir el proceso de la pérdida del idioma en su comunidad.

En general, los inmigrantes italianos de las generaciones de padres y abuelos del grupo llegaron a Estados Unidos sin casi nada o sin nada de educación. Tenían orígenes muy distintos a los de nuestro grupo de expatriados italianos recientes porque, en lugar de buscar la situación laboral "ideal", recurrieron a ciertos empleos por desesperación. A diferencia de las generaciones actuales de italianos en Nueva York que son bilingües en gran medida, las anteriores tenían problemas para comunicarse en inglés. Además, el italiano que hablaban usualmente no estaba estandarizado, por lo que conservaron los dialectos hablados en sus pequeños pueblos, los cuales se cristalizaron en cuanto llegaron a Estados Unidos.

Los ítalo-estadounidenses de ahora tienen la capacidad para tomar decisiones informadas respecto a la educación de sus hijos, y se pueden dar el lujo de hacerlo. Muchas familias con patrimonio lingüístico no han preservado el italiano en casa a pesar de provenir de generaciones anteriores de inmigrantes italianos. No obstante, su deseo de conservar su patrimonio lingüístico ha evolucionado con el tiempo. Jack Spatola explica:

> En mi opinión, particularmente en la comunidad ítalo-estadounidense, los padres perciben las ventajas de conservar su herencia y su cultura. Es algo que veo preponderantemente en los jóvenes profesionales. Lo veo como una necesidad de conservar el idioma y la cultura que no existió antes.[27]

Para esta nueva generación, los programas de idiomas que se ofrecían después de clases o los fines de semana no eran un medio suficiente para lograr sus objetivos, para conectarse con sus raíces lingüísticas y culturales, y para ayudar al desarrollo de niños ítalo-estadounidenses bilingües. Jack lo confirma:

Los ítalo-estadounidenses, al igual que muchos otros grupos étnicos que se incorporaron a la sociedad en Estados Unidos, han llegado a un nivel particular de comprensión, de realización, de sofisticación y de valoración de sus raíces. Tal vez se debe a mi mentalidad de imitador o a una conciencia legítima: "Otros lo están haciendo, ¿por qué nosotros no? ¡Deberíamos hacerlo también!". Pero también hay una comprensión del mérito de un cerebro que tiene la capacidad de realmente pensar en dos lenguas.

Este entusiasmo por el bilingüismo y por los muchos beneficios cognitivos, profesionales y sociales que les da a los niños a lo largo de su vida, ha atraído una buena cantidad de atención en la comunidad ítalo-estadounidense.[28] Además de revigorizar su herencia cultural y su idioma, los programas duales de lengua les otorgan a los niños habilidades que duran toda la vida y que pueden llevar con ellos adonde sea, y esto le añade un elemento de desarrollo personal a la búsqueda de programas bilingües de la comunidad italiana.

Éxito por fin

En 2015, gracias a la inquebrantable ayuda de Jack Spatola, la Federación de Organizaciones Ítalo-estadounidenses de Brooklyn hizo equipo con la escuela pública 112 en Bensonhurst para lanzar el primer programa dual de lengua en italiano de la Ciudad de Nueva York. El equipo tuvo una defensora que alentó el proyecto incondicionalmente: se trata de la directora ítalo-estadounidense de la escuela pública 112, Louise Alfano. Cuando se anunció la inauguración del programa, la escuela recibió doscientas setenta solicitudes a pesar de que sólo había veinte lugares. Aproximadamente ciento cuarenta de los niños eran ítalo-estadounidenses y sus padres deseaban preservar su valiosa identidad cultural originada generaciones atrás. La escuela esperaba que las cifras aumentaran al año siguiente. Ver a tantas familias con niños pequeños interesadas en el programa, fue una experiencia iluminadora para los organizadores, quienes siempre supieron que había potencial, pero no entendieron por completo el increíble alcance del interés de la comunidad sino hasta que los padres empezaron inscribirse.[29] En una declaración conjunta, Jack Spatola y Carlos Scissura, presidente de la Federación, dijeron:

> La respuesta de los residentes ha sido extraordinaria, hemos recibido muchas llamadas preguntando por estos servicios. Creemos que es vital ofrecerle programas duales de lengua a una comunidad tan diversa, ya que sus integrantes nos ayudarán a mantener las distintas culturas y, al mismo tiempo, propiciarán una mejor comprensión y mayor respeto por otras etnias.[30]

Así se hizo evidente que, a pesar de los fracasos que se presentaron en el pasado cuando se trató de establecer un programa dual de lengua, ahora la comunidad estaba lista para apoyar y recibir la iniciativa, y además, había todavía mucho espacio para el desarrollo y crecimiento de más programas.

Como se puede ver en la historia del programa en italiano, no siempre es sencillo construir los programas empezando de cero. Esta historia destaca el desafortunado hecho de que los padres fundadores a veces pierden las oportunidades para las que trabajaron tan arduamente, sólo porque los programas no se materializan con la velocidad suficiente para servirles a sus propios niños. No obstante, la historia también ilustra la importancia de la perseverancia, de los vínculos en la comunidad y de la resiliencia de las comunidades con patrimonios lingüísticos. Es algo que no debemos olvidar.

El deseo de revigorizar una comunidad lingüística o cultural no debe ser subestimado, en especial en el "crisol" estadounidense, donde se puede encontrar muchas historias únicas de las comunidades. Salvaguardar una herencia tiene numerosos beneficios para las distintas generaciones, como la preservación de la literatura, la cultura y la historia propias para fomentar una noción de pertenencia, de orgullo y de identidad como miembro de un grupo cultural con patrimonio. Los programas duales de lengua permiten que los estudiantes de lenguas heredadas conserven su patrimonio y desarrollen nuevas identidades y habilidades propias, pero además, son una fuente generosa de orgullo para cada comunidad. Ser testigo de la manera en que este programa dual de lengua por fin rindió fruto en la comunidad ítalo-estadounidense de Nueva York, y del efusivo apoyo de los cientos de familias interesadas, ha sido hermoso. Como dice el refrán: "Si al principio no tienes éxito, inténtalo, inténtalo e inténtalo de nuevo". Cada actor de esta historia contribuyó al éxito del programa dual de lengua en italiano, sin importar cuán pequeño fuera su papel ni si pudo llevar a cabo el proyecto a tiempo. Al final, con mucha perseverancia, los contactos adecuados y un poco de suerte, los programas de educación bilingüe pueden transformar y revitalizar nuestras comunidades.

CAPÍTULO 4

Mentes estratégicas:
La historia de la iniciativa alemana
dual de lengua

E n el verano de 2015, un grupo de padres de Kinderhaus, un preescolar de inmersión en alemán de Park Slope, Brooklyn, discutía sobre las opciones de escuelas primarias. Todos los padres del grupo tenían la esperanza de que sus niños continuaran trabajando en alemán y en inglés; y algunos conocían a Sylvia Wellhöfer, una madre alemana que vivía cerca de ahí y esperaba desarrollar el primer programa dual de lengua en alemán en una escuela pública de la Ciudad de Nueva York. Después de entrar en contacto, Sylvia y las familias de Kinderhaus unieron fuerzas. Sylvia y Celine Keshishian, una madre estadounidense con un niño bilingüe, dirigieron el proyecto. Para sondear el interés entre las familias que estaban en contacto con el grupo, se organizó un evento de arranque algunas semanas después. A los líderes del equipo del proyecto se les comisionó la búsqueda de escuela y el reclutamiento de padres, para lo cual, se diseñó un plan estratégico. Al grupo se unieron rápidamente aliadas influyentes como Katja Wiesbrock-Donovan, directora de la sección cultural del Consulado de Alemania en Nueva York, y Andrea Pfeil, directora del departamento de idiomas de Goethe Institut, un centro cultural alemán en la ciudad. Además de su experiencia, estas aliadas ayudaron a difundir las noticias de la iniciativa en toda la comunidad alemana dispersa en los cinco barrios neoyorquinos.

Raíces alemanas en Estados Unidos

Con las crecientes cifras de familias que hablan alemán y viven en Brooklyn, la ciudad reconoció recientemente la necesidad de incluir este idioma en los planes de estudio escolares. La comunidad germanófona de la Ciudad de

Nueva York es amplia y diversa, y está conformada por alemanes, austriacos, suizos, belgas, alsacianos, luxemburgueses, italianos del norte y germano-estadounidenses. En realidad, los alemanes representan uno de los grupos con patrimonio lingüístico más grandes de Estados Unidos, y muchos estadounidenses de ascendencia alemana tienen un interés particular en preservar su idioma y su cultura. No obstante, mantener viva esta herencia ha sido históricamente un desafío para la comunidad germana en Estados Unidos, ya que, tan sólo intentarlo, implicaba muchos prejuicios y sesgos negativos. Para aquellas personas que llegaron al país durante la posguerra, esto significó integrarse a la cultura estadounidense y, a veces, incluso ocultar el hecho de que hablaban alemán, en especial para proteger a sus niños en las escuelas. Esta supresión intencional del idioma y el sentimiento antigermano que se incubó tras la Segunda Guerra Mundial, tuvo un impacto en la forma en que el idioma alemán era visto y preservado en Estados Unidos, lo que incluye a la Ciudad de Nueva York. Afortunadamente, con el paso de tiempo y de acuerdo con el cambio de actitudes, esta visión se ha ido disipando en gran medida.

El actual deseo de preservar la cultura alemana en Estados Unidos proviene, en parte, de los clubes sociales y las sociedades alemanas que permanecen activos hasta la fecha, de Queens a Long Island, pasando hacia Filadelfia al sur, y hacia Connecticut al norte. Dichos grupos organizan eventos a los que asisten alemanes de tercera y cuarta generación. Por ejemplo, Deutscher Verein, el segundo club social alemán más antiguo, sigue existiendo en la Ciudad de Nueva York. Fue fundado en 1842 y originalmente restringía su membresía a hombres de negocios. El club presume a miembros ilustres como Frederick August Otto (FAO) Schwartz, Emile Pfizer y los hermanos Steinway. Aunque los miembros del club no siempre hablan en alemán entre sí hoy en día, continúan participando activamente en la preservación de su patrimonio cultural.

En la actualidad, la herencia alemana en Nueva York es evidente sólo en algunos establecimientos tradicionales como la carnicería Schaller & Weber, el restaurante Heidelberg o el hostal juvenil Kolping House. Por otra parte, Saint Paul, la iglesia evangélica luterana de 175 años de antigüedad en Chelsea, lleva a cabo la misa en alemán y continúa atrayendo a las familias jóvenes a su perdurable congregación. El desfile The Steuben de la Quinta Avenida, en el que miles de germano-estadounidenses cantan y se visten con trajes tradicionales cada año, representa la máxima expresión de la cultura alemana en la ciudad. Aunque los expatriados recientemente de Alemania no siempre se identifican con dichas tradiciones, todos reconocen el papel que estas juegan en la fibra del patrimonio cultural germano-estadounidense de Nueva York. La cultura alemana de la ciudad también está siendo testigo de una especie de renacimiento, particularmente en la industria restaurantera, ya que en la última década, generaciones más jóvenes han abierto docenas de establecimientos enfocados en el tema alemán.

Las familias alemanas recién llegadas que, en muchos casos, vinieron a Estados Unidos para impulsar sus carreras, también están preocupadas por la preservación de su idioma y su cultura. Varias familias de expatriados pertenecientes al grupo de padres que no planeaban permanecer en Estados Unidos a largo plazo, empezaron a considerar extender su estancia cuando escucharon hablar de la iniciativa de programas duales de lengua porque les parecía que las escuelas públicas locales eran una excelente alternativa a las escuelas alemanas privadas. En conjunto con la existente comunidad con patrimonio alemán, este grupo de nuevos inmigrantes representa una parte fundamental del panorama germano de Nueva York.

Hay varios casos interesantes de organizaciones que vinculan a estos dos grupos en la comunidad alemana de la ciudad. CityKinder, por ejemplo, es una comunidad en línea de generaciones cruzadas de hablantes del idioma alemán en Nueva York, y anualmente organiza una búsqueda de Huevos de Pascua, días de campo en el verano, el desfile Steuben y Fall in the Park (Otoño en el parque), un evento en el que las familias se reúnen a volar cometas, cocinar manzanas asadas, fabricar artesanías otoñales y contar historias. Su evento magno es la caminata con linternas el día de San Martín, cuando los niños hacen linternas caseras y atraviesan Prospect Park cantando rimas infantiles tradicionales de Alemania hasta que encuentran la estatua de San Martín montando a caballo. Hasta cierto punto, esta organización se ha convertido en un elemento unificador de la comunidad alemana en la ciudad, ya que hay centros culturales, iglesias y escuelas que la aprovechan para promover sus actividades y llegar a las familias más jóvenes. También jugó un papel fundamental en la difusión de las noticias sobre la iniciativa del Programa Dual de Lengua en alemán, y conectó a familias de distintos antecedentes lingüísticos y culturales, con un proyecto que tenía el potencial de servir a la comunidad de formas inusitadas. [31]

La iniciativa del Programa Dual de Lengua en alemán llegó a constituir un grupo multicultural, multilingüe y multinacional. Al igual que el distrito de Brooklyn donde vivían, estos individuos representaban una amplia gama de etnias, profesiones e intereses que incluían empresarios, gerentes, artistas y estudiantes. Algunas de las familias eran estadounidenses monolingües en inglés. Otras tenían antecedentes de inmigración, incluyendo a quienes llegaron a Estados Unidos para construir una vida y a otros que finalmente decidieron quedarse. A menudo, las familias del grupo del programa dual de lengua en alemán hablaban inglés en casa, independientemente de si esta era, o no, su lengua materna. Todos venían de distintos entornos religiosos y socioeconómicos, y esta diversidad contribuyó al fortalecimiento del programa.

Acción

El hecho de que el grupo del Programa Dual de Lengua en alemán intentara definir una estrategia desde el principio, fue un factor fundamental para el éxito. El equipo de planeación usó una estrategia de "peldaños" y estableció objetivos y fechas límite para impulsar el proyecto de forma oportuna. Los integrantes decidieron, por ejemplo, que para diciembre el grupo necesitaría haber elegido una escuela, lo cual les permitiría contar con suficiente tiempo para inscribir a los alumnos para septiembre del siguiente año. Asimismo, el comité de enlace trabajó incesantemente para vender el programa porque no todas las escuelas que fueron contactadas fueron receptivas en cuanto a la idea o entendieron los beneficios de la educación dual para sus estudiantes y la comunidad escolar. En el caso de algunos directores, la iniciativa representaba un desafío porque los forzaba a salir de su zona de confort.

A pesar de todo, el grupo continuó trabajando y documentando la labor que más adelante les presentarían a los padres a quienes representaban. Sylvia Wellhöfer describe los primeros pasos que dio su equipo:

> Al principio seguimos el plan del programa en francés y nos ajustamos cuando fue necesario. En la etapa inicial no definimos un distrito ni nos enfocamos en las instituciones tanto como en los padres. Nos concentramos en la creación de una base de datos para argumentar nuestro caso y para determinar el número de Aprendices del Idioma Inglés. Nuestra base de datos incluía información personal, pero solamente algunas personas tenían acceso a ella. Esto fue muy útil. Después de la reunión de arranque

definimos tres grupos de padres y contactamos a las escuelas y a quienes tomaban las decisiones en el distrito. Recopilamos toda la información en un documento adjunto para poder comparar las escuelas y mantenernos informados.[32]

El objetivo del grupo era encontrar trece niños que hablaran alemán, y quince que no lo hablaran, antes de presentarles su caso a las autoridades escolares. Para cumplir con los requisitos de la Ciudad de Nueva York, también necesitaban definir, por zona escolar, el número de niños considerados Aprendices del Idioma Inglés que coincidieran con el perfil del programa. La diversidad de las familias interesadas en la iniciativa fue una ventaja importante para lograr los objetivos, ya que los niños y sus padres tenían distintos niveles de exposición al inglés y al alemán.

Desde el principio, el grupo del Programa dual de lengua en alemán se comunicó regularmente con todas las partes involucradas y desarrolló una estrategia para reclutar a los padres que se comprometieron a inscribir a sus hijos en el programa. Para encontrar una escuela apropiada, el grupo se concentró en tres distritos vecinos en Brooklyn y formó tres grupos independientes de trabajo que investigaron cada distrito y, con base en la información que reunieron, desarrollaron nuevas sugerencias diseñadas a la medida de cada comunidad. A pesar de que el grupo esperaba establecer varios programas en distintos vecindarios en los siguientes años, no quisieron moverse en muchas direcciones al mismo tiempo porque sabían que con eso comprometerían la iniciativa y desaprovecharían el trabajo y la energía de los voluntarios.

Tomando en cuenta una fecha base para la inauguración, el equipo de búsqueda de escuela tuvo que tomar una decisión final respecto a dónde concentrar el esfuerzo del grupo, con base en elementos clave como el nivel de apoyo de la administración de la escuela y la disponibilidad de aulas. La escuela seleccionada necesitaba ser de fácil acceso y estar preparada para lidiar con la enorme cantidad de desafíos que se presentan de forma inherente con la apertura de un nuevo programa dual de lengua. Se compartió con los padres interesados la información sobre los méritos de cada una de las escuelas que fue visitada por un grupo de líderes. Los equipos también estaban conscientes de que las escuelas mal aprovechadas eran las que más beneficios podrían obtener gracias a un programa dual de lengua, ya que este tipo de iniciativas suelen atraer a una gran cantidad de estudiantes nuevos y de padres comprometidos. Usualmente, las familias nuevas están ansiosas por participar de manera voluntaria, ayudar en la biblioteca, solicitar subvenciones o adquirir material adicional para el salón de clase. El crecimiento de la población escolar que normalmente le sigue a la apertura de un programa dual de lengua, también garantiza financiamiento adicional por parte del gobierno de la Ciudad y de los Departamentos Estatales de Educación. Estos factores, aunados a la receptividad de los administradores ante la idea de implementar una iniciativa así en su escuela, fueron los que le dieron forma al proceso de toma de decisiones del grupo del Programa Dual de Lengua en alemán.

Una estrategia organizada y eficaz

Para los fundadores del Programa dual de lengua en alemán era importante ser claros y francos en todo momento respecto a su estrategia. Antes de que surgiera la iniciativa, ya existían cinco escuelas alemanas privadas en la Ciudad de Nueva York, y tres de ellas estaban en Brooklyn. Los líderes del programa no querían competir con estas instituciones ni colocarse en una situación en la que la iniciativa pareciera una amenaza directa. Los integrantes del grupo creían firmemente que era necesario que hubiera diversidad de programas en la comunidad, y consideraban que sus esfuerzos para establecer un programa dual de lengua en una escuela pública eran complementarios a la oferta de las escuelas privadas que ya existían. El grupo tuvo cuidado de no amplificar de manera innecesaria la tensión que ya estaba presente en un proyecto de por sí desafiante. Dependiendo de las necesidades de cada familia, a algunos padres con medios económicos suficientes incluso les sugirieron como primera opción inscribir a sus hijos en una escuela privada. Esta colaboración, aunada al respaldo de los programas de las escuelas privadas, garantizó que el programa dual de lengua fuera recibido como un beneficio adicional para la comunidad.

El grupo sabía que tenía que infundir confianza, mantener una amplia red de contactos y, al mismo tiempo, seguir siendo consistente con su estrategia, dar seguimiento a las sugerencias y asegurarse de que cada solicitud individual de los padres fuera tomada en cuenta. Sylvia Wellhöfer lo explica:

> Soy muy orientada a los procesos. Estoy segura de que hay otra manera de hacer las cosas, pero siempre lo vi como establecer una

empresa o una organización no gubernamental sin recursos. Lanzamos la página de Facebook y diseñamos un logo y un sitio de Internet. Cuando se trataba de algo muy importante, yo enviaba correos electrónicos de seguimiento o hacía llamadas. Para comunicarnos respecto al Programa dual de lengua en alemán usamos CityKinder, una plataforma alemana en línea; el boletín informativo del Consulado Alemán; y el boletín de Goethe Institut. También pegamos algunos volantes y tratamos de difundir las noticias en parques y eventos a los que asistíamos. [33]

Los padres participaban con regularidad en *open houses*, se reunían en cafés locales y en las secciones de juegos de los parques. El flujo de información era constante. Las asociaciones que logró construir el equipo también reforzaron la credibilidad y la eficacia de la iniciativa. Goethe Institut, por ejemplo, ofreció suministrar todos los materiales necesarios para el salón de clases y recurrió a su red de maestros para conseguir fuentes, para el desarrollo de planes de estudios y para solicitar currículums. También se hizo contacto con escuelas que tenían programas más establecidos como el programa dual de lengua en francés de la escuela pública 110 y el programa japonés de la escuela pública 147. El objetivo era transmitir las lecciones aprendidas y las sugerencias útiles para iniciar su propio programa.

Cuando llega la decepción

Gracias a la información que pudieron recopilar y a su comunicación clara con los interesados, el grupo del Programa dual de lengua en alemán obtuvo un acuerdo inicial con la escuela pública 17 de Brooklyn. Este grupo de padres increíblemente bien organizados, luego se dedicó a buscar familias cuyos niños fueran a ingresar al kínder al mismo tiempo y recurrieron a grupos en varios distritos escolares de Brooklyn y de Queens. Desafortunadamente, algunas semanas antes de que diera inicio el nuevo año escolar, se determinó que se habían retirado demasiadas familias para cumplir con la fecha límite de septiembre. La iniciativa en la escuela pública 17 no se materializó debido a la renuncia por parte de la administración escolar, y a obstáculos administrativos insuperables. En este caso, como en la mayoría de las historias presentadas en el libro, destaca la importancia de garantizar el compromiso de los padres y de asegurarse de que sigan interesados en la iniciativa. También es fundamental que los líderes de los grupos sean persistentes y continúen enfocados en encontrar una escuela así como lo hizo el grupo de la iniciativa alemana.

Con el fuerte apoyo del superintendente del distrito, el equipo del Programa dual de lengua en alemán y la directiva de la escuela buscó varias opciones nuevas para abrir el programa. Este esfuerzo dio como resultado la apertura de un programa de enriquecimiento en alemán en el horario después de clases para los grupos de prekínder y kínder en una institución vecina, la escuela pública 18. De esta forma fue posible incorporar contenidos en alemán al plan de estudios y conservar el vínculo con el idioma y la cultura alemanas en la escuela. Cabe mencionar el mérito del equipo, ya que su labor sentó las bases para el programa en la escuela 18. Al ser fieles a su misión de llevar un programa bilingüe en alemán e inglés a las escuelas públicas de Nueva York, los integrantes del grupo mostraron una perseverancia ejemplar, señal inequívoca de los éxitos que están aún por venir.

Los padres involucrados en la iniciativa formaron un grupo bien organizado que diseñó una estrategia notable para encontrar escuelas, reclutar familias y mantener una comunicación clara entre las distintas partes en todo momento. Estuvieron abiertos a la idea de recibir a personas que no hablaban alemán. Fueron cuidadosos y trabajaron con las escuelas privadas y las organizaciones privadas como socios, no como competidores. Aunque varias familias se sintieron frustradas porque el programa tuvo que ser pospuesto, se logró mucho y la esperanza de que en Nueva York surjan más programas duales de lengua en alemán, sigue siendo grande. Resulta evidente que los cimientos para la revolución bilingüe en alemán, fueron preparados de una manera organizada y bien pensada.

CAPÍTULO 5

Una historia de dos barrios:
Ruso en Harlem y Brooklyn

E l punto culminante para la iniciativa del Programa dual de lengua en ruso, dirigida por las madres Julia Stoyanovich y Olga Ilyashenko, fue un evento en Columbia University. En él fue posible reunir a una impresionante cantidad de simpatizantes entre los que se encontraban Tim Frye, un profesor estadounidense que habla ruso y se especializó en estudios de Europa del Este; Maria Kot, hablante nativa de ruso que ayudó a salvar y aprovechar los programas duales de lengua en Brooklyn; y Tatyana Kleyn, profesora de educación bilingüe del City College de Nueva York, quien llegó de Latvia a Estados Unidos cuando era niña y todavía hablaba ruso, pero luego tuvo que reaprender el idioma en la etapa adulta. La reunión también incluyó a importantes funcionarios estatales y de la ciudad como Luis Reyes del New York Board of Regents; Milady Báez, vicerrectora para el Departamento de Educación de la Ciudad de Nueva York, y varios directores de escuelas, maestros, representantes de organizaciones culturales, periodistas y padres. Esta reunión fue sólo una pequeña representación del tremendo esfuerzo de varios años llevado a cabo para establecer un programa dual de lengua en ruso en el Upper West Side de Manhattan. Una sucesión de grupos de padres que tuvieron que enfrentar muchos altibajos, trataron durante años de convencer a las autoridades escolares de que era necesario un programa de este tipo en esa zona de la ciudad. Frente a los desafíos continuos, el llamado a la acción logró unificar a un diverso grupo de individuos con distintas expectativas.

Una comunidad lingüística con una visión global

No todos los individuos presentes en el evento venían de Rusia. De hecho, sólo algunos eran originarios de ahí. Muchos vivían en la Ciudad de Nueva

York pero crecieron en hogares donde se hablaba ruso. Otros provenían de repúblicas que en otro tiempo pertenecieron a la Unión Soviética, o de otros países europeos. Cuando se les preguntaba qué otros idiomas se hablaban en sus hogares, las familias defensoras de la iniciativa rusa respondían: italiano, griego, ucraniano, tátaro, armenio, español, francés, alemán, hebreo, húngaro, serbio y urdu, además de ruso e inglés. El grupo ahí reunido representaba a ciento veinticinco familias con ciento sesenta niños nacidos entre 2011 y 2016, es decir, aproximadamente entre treinta y cuarenta niños que pronto entrarían a prekínder o a kínder. Muchos padres eran hablantes nativos del ruso, pero algunos lo hablaban poco o no lo hablaban en absoluto. De acuerdo con la información de los organizadores, cerca de la mitad de los niños cuyos padres estaban interesados, hablaban ruso en casa; un cuarto hablaba inglés y ruso en la misma medida; y el otro cuarto no hablaba ruso e incluía a estudiantes monolingües de inglés. El grupo representado por esta iniciativa era, como lo describieron hermosamente las madres, tan diverso como la ciudad que habitaban: multilingüe, multicultural y con el anhelo profundo de tener acceso a nuevas oportunidades para sus hijos.

Los testimonios reunidos entre las familias involucradas hablan de la importancia que tendría un programa dual de lengua para su vida personal y familiar. Algunos padres lucharon por aprender ruso como segunda lengua cuando ya fueron adultos y no querían que sus hijos sufrieran lo mismo que ellos. Algunos niños venían de familias en las que un padre hablaba ruso y el otro inglés, lo cual hacía que comunicarse en ruso en casa fuera una tarea más bien difícil. Una familia incluso tenía un niño que ya era trilingüe porque hablaba inglés, ruso y chino, y querían inscribirlo en un programa dual para que dominara la lectoescritura en dos de los tres idiomas que hablaba.

Los padres destacaron los beneficios culturales que recibirían gracias al programa tanto los niños que hablaban ruso como los que no, ya que este les permitiría descubrir los "tesoros" de la cultura rusa. La familia de la fundadora Julia Stoyanovich señaló que ellos sólo hablaban en ruso en casa porque ella y su esposo querían que su hijo no sólo entendiera, sino que también fuera capaz de decir chistes y reírse en su propio idioma. También querían que su niño se pudiera comunicar fácilmente con sus abuelos que vivían en Queens, en Moscú y en Belgrado, y que no hablaban mucho inglés. Muchas familias se identificaron como "rusos globales", término que indica una combinación del idioma y la cultura rusa, un pasaporte lleno de sellos, y una educación y estilo de vida occidentales. Las familias creían que un programa dual de lengua en ruso sería valiosísimo porque representaría una forma de preservar su identidad y de transmitirles a sus hijos su lengua materna y su cultura.

El mensaje de este diverso grupo era profundo, pero sencillo a la vez: *E Pluribus Unum.*[34] Los integrantes tenían la abrumadora esperanza de combinar sus variados orígenes e intereses para establecer un próspero programa dual de lengua. En el Upper West Side, donde tiene base la iniciativa, es común escuchar que se habla ruso en las calles. De hecho, la Ciudad de Nueva York tiene la población de hablantes de ruso más grande de Estados Unidos. De acuerdo con un censo reciente, en la ciudad había más de doscientos mil hablantes, lo que hacía que el ruso fuera el cuarto idioma más hablado comúnmente en la ciudad, después del inglés, el español y el chino.[35] Aproximadamente trescientos cuarenta niños que hablan ruso en Nueva York han sido identificados como Aprendices del Idioma Inglés y califican para los servicios de educación bilingüe. Muchos más estudiantes provenientes de hogares donde se habla ruso podrían entrar a la escuela hablando algo de inglés, pero necesitan ser más competentes en la lectura, escritura y comprensión de este idioma.[36]

Por si eso fuera poco, los niños con todo tipo de antecedentes lingüísticos, incluyendo a los monolingües que sólo hablan inglés, podrían beneficiarse con un programa dual de lengua en ruso por la importancia de este idioma a nivel global, y por todos los caminos culturales, profesionales y personales velados que sólo se abren para quienes lo hablan con fluidez. Los fundadores hablaron con detalle sobre el deseo que tenían de compartir con otras personas de la comunidad de la Ciudad de Nueva York, su amor por el idioma y la cultura rusos. Estaban convencidos de que el programa sería un regalo para sus niños, pero también para toda la comunidad, y estaban dispuestos a llegar muy lejos con tal de hacer su sueño realidad.

Luchar hasta la cima

Antes de regresar a la historia de las dos madres de Manhattan, es importante contar la historia original de los programas duales de lengua en ruso de Nueva York, la cual comienza en Brooklyn, donde Maria Kot, una madre que hablaba el idioma, se volvió la portavoz clave de la educación bilingüe en ruso para su hija y para otros cientos de estudiantes bilingües de la escuela pública 200 y de la escuela intermedia 228 (Intermediate School o I.S.).[37] Maria organizó eventos y reuniones de la comunidad, desarrolló planes de acción y fue el vínculo entre muchos grupos simpatizantes, consejos de la comunidad, familias rusas y agencias gubernamentales. Ahora es la representante de los padres en la Asociación para la Educación Bilingüe del Estado de Nueva York, donde puede dar voz a los intereses de los padres de diversas comunidades lingüísticas.

La primera interacción de Maria con los programas duales de lengua en ruso fue cuando inscribió a su hija en el nivel primaria de la escuela pública 200. Aunque ya existía, a pocos años de que la hija de Maria comenzó a estudiar, el programa estuvo a punto de ser cancelado porque un nuevo director ocupó el puesto y otros grupos minoritarios de la escuela sintieron como si ellos y sus niños no fueran parte del mismo. Maria explica lo difícil que fue convencer a los padres y a los administradores de la necesidad de un programa así para seguir adelante:

> En aquel tiempo la situación era muy distinta y la idea de un programa dual de lengua no era bienvenida. Tuvimos que pelear, tuvimos que iniciar una lucha con el Departamento de Educación para que nuestros hijos tuvieran acceso a la educación bilingüe. Si se puede evitar eso, debe hacerse porque es un proceso estresante para todos y nadie debería verse obligado a pasar por él.[38]

Después de una agotadora batalla legal con el Departamento de Educación, Maria y los padres del programa dual de lengua en ruso ganaron el derecho a que el programa continuara abierto para su hija y para el resto de los alumnos.

Su argumento se centró en el precedente de la querella *Lau v. Nichols*, la cual se explora a detalle en el Capítulo 13, y en el derecho que tienen los Aprendices del Idioma Inglés al acceso a la educación bilingüe. Con documentos probatorios del número de Aprendices del Idioma Inglés, Maria salvó los programas bilingües en ruso de Brooklyn. Con el tiempo, el programa siguió creciendo. Un segundo programa se abrió para el nivel escolar intermedio en la escuela intermedia 228, con el objetivo de atender a los cada vez más nutridos grupos de las clases bilingües. Gracias a un director excepcionalmente comprensivo, implementar este programa fue mucho más fácil, como lo narra Maria:

Fue mucho más sencillo, pacífico y exitoso. Encontré un director que estaba interesado en mejorar la escuela, hablé con él y le expliqué la oportunidad que el programa le podría ofrecer a la institución. Tuve que hacer varias visitas antes de que entendiera a fondo la idea de la educación bilingüe, pero luego se convirtió en un asombroso defensor de la misma. Después de eso él mismo implementó un programa en ruso y otro en chino. Al año siguiente inauguró un programa dual de lengua en español, y luego uno en hebreo. Ahora tenemos un apoyo inconmensurable y contamos con su defensa para seguir adelante.[39]

Increíblemente, el esfuerzo de Maria para expandir los programas bilingües rusos les dio a otras comunidades lingüísticas la oportunidad de implementar sus propias iniciativas. Asimismo, la escuela pública 200 fue designada por Carmen Fariña, antigua rectora de las escuelas de la Ciudad de Nueva York para el período escolar 2015-2016, como Escuela Modelo del Programa Dual de Lengua. Estos éxitos demuestran la fuerza de la participación de los padres, ya que cada iniciativa tiene el potencial de modificar el panorama educativo de una comunidad.

Haz tu sueño realidad

Mientras los programas bilingües en ruso lograban un éxito importante en Brooklyn, la iniciativa en Manhattan continuaba estancada. Todos estaban conscientes de que los intentos previos para establecer un programa así en la zona habían fallado, pero para Olga y Julia, esto no parecía razón suficiente para darse por vencidas. En lugar de eso convocaron el interés de quienes las rodeaban y atrajeron a la gente con su entusiasta llamado a la acción. Julia describe su visión de la manera siguiente:

Este es nuestro sueño, y nuestro sueño es muy cercano al hogar. Consiste en establecer un programa dual de lengua en ruso en una primaria pública en la zona del Upper West Side de Manhattan. Queremos que sea un programa bilingüe de alta calidad que ayude a los niños que hablan ruso pero que también estudian inglés, a que aprendan este último idioma en un ambiente constructivo, agradable y libre de estrés. También debería servir para ayudar a los niños que no hablan ruso, a aprender el idioma y a disfrutarlo y apreciarlo con nosotros, con el resto de la comunidad de hablantes de ruso y con el mundo entero. Queremos que este programa se desarrolle específicamente en una escuela primaria. Sentimos que el sistema de escuelas públicas nos proporcionará también los beneficios que la Ciudad de Nueva York ya ofrece: multiculturalidad, diversidad, integración, y la belleza de una urbe que nos sentimos felices de llamar "hogar".[40]

Además de trabajar en su propia comunidad rusófona, nuestras madres desarrollaron una estrategia para atraer al programa a individuos que no hablaran ruso, la cual se basó en tres elementos clave: hombres barbados, cohetes y el sello del dominio de la lectoescritura bilingüe. Con su encantadora risa, Julia describe la manera en que el idioma ruso abre la puerta a las ricas tradiciones culturales de Rusia, entre las que se encuentran los hombres barbados como Leo Tolstoy, Tchaikovsky y Chekhov. El cohete espacial, que es una oda al Sputnik, se enfoca en las oportunidades laborales y en el crecimiento profesional en los ámbitos político, tecnológico y científico del mundo rusófono. Por último, en algunos estados selectos, entre ellos Nueva York, el sello de la lectoescritura bilingüe se les entrega a graduados de preparatoria que han alcanzado un alto nivel de dominio en uno o más idiomas además del inglés. El premio les otorga legitimidad a los programas duales de todo el país.

Muchos de los ingredientes necesarios para implementar un programa dual de lengua en el Upper West Side ya estaban presentes la noche de la presentación de la iniciativa. El grupo requería padres motivados, y entre el público había muchos de ellos. Necesitaban recursos tanto del Departamento de Educación de la Ciudad de Nueva York como de organizaciones externas de las que, en muchos casos, ya había un representante entre los invitados. También necesitaban identificar a maestros altamente calificados, lo cual lograron trabajando en colaboración con las escuelas que ya habían empezado a contactar. El ingrediente final eran los estudiantes, los cuales ya habían garantizado los entusiastas y comprometidos padres del público. A pesar de todo, los administradores presentes en el salón y en el panel, les recordaron a los nuevos líderes de la iniciativa, la importancia de respetar e integrarse a una comunidad escolar previamente establecida. Instaron al grupo a trabajar en las escuelas con los padres que pudieran sentirse amenazados por los cambios y las nuevas ofertas. Las madres, característica distintiva de la iniciativa rusa, expresaron su absoluto compromiso para evitar, en el interior de la escuela, el surgimiento de una burbuja aislada para los estudiantes de ruso. Estaban decididas a construir un programa que beneficiara a todos. Como muy bien lo entendió el grupo, cuando se construye un programa bilingüe con base en el respeto, la apreciación y la cooperación, la escuela se convierte en los cimientos sobre los que puede prosperar una comunidad.

Los dos grupos de iniciativas duales de lengua en ruso, el de Brooklyn y el de Manhattan, nos regalan dos historias que, a pesar de ser contrastantes, ofrecen consejos similares. En Brooklyn, una encarnizada batalla legal creció y se convirtió en un incipiente refugio de la educación bilingüe que acepta y fortalece a su diversa comunidad hasta la fecha. En Manhattan, la batalla cuesta arriba de tantos años para garantizar una ubicación escolar en una propiedad inmobiliaria de alto nivel, ha resultado demasiado abrumadora y difícil para el establecimiento de un programa bilingüe para las numerosas familias rusas que lo ansían. En el momento en que se escribió este libro, la iniciativa del programa dual de lengua en ruso de Manhattan estaba en conversaciones con una escuela de Harlem que parecía abierta a la propuesta. Aunque los proyectos de Brooklyn y Manhattan siguieron caminos diferentes, ambos tienen como escudo la diversidad de sus integrantes y buscan promover las distintas culturas encapsuladas en su comunidad lingüística, al mismo tiempo que celebran y comparten sus tradiciones con la demás gente. Al final, independientemente de si los niños cuentan chistes, bailan ballet o leen a Tolstoy, las familias del programa dual en ruso de Nueva York están comprometidas a preservar sus patrimonios culturales en el marco de una ciudad multicultural y a hacer realidad sus sueños.

CAPÍTULO 6

El efecto dominó:
La multiplicación de
los programas franceses

Todo comenzó en abril de 2006, cuando tres tenaces madres entraron a la oficina de la directora Giselle McGee, en la escuela pública 58 de Carroll Gardens, en Brooklyn. Las madres esperaban convencerla de que valdría la pena para la escuela añadir un programa de francés para después de clases. Al igual que ellas, muchas familias del vecindario que hablaban esta lengua estaban buscando la manera de preservarla entre los niños fuera de casa. La comunidad, sin embargo, no sabía que Giselle no solamente aceptaría la idea de inmediato, sino que la conversación conduciría al establecimiento del primer programa dual de lengua en francés de Nueva York, y a la avalancha de iniciativas que aparecieron posteriormente en toda la ciudad. La historia del programa dual en francés de Nueva York, destaca el poderoso efecto dominó de la Revolución Bilingüe. Con la fuerza de una comunidad comprometida y motivada, los programas duales pueden multiplicarse para llegar a servir a las siempre crecientes poblaciones de estudiantes bilingües.

La influencia de los defensores

La fundamental directora Giselle fue bilingüe hasta los cinco años. Hablaba francés en casa con su madre, e inglés con su padre. Sin embargo, cuando comenzó a asistir al kínder en Staten Island, abandonó sus habilidades en el idioma porque ninguno de sus compañeros lo hablaba. Giselle creció en la década de los sesenta, cuando se priorizaba la asimilación en las comunidades de inmigrantes recién llegados. Las escuelas primarias ni siquiera ofrecían otros idiomas en aquel tiempo, lo que significa que si los niños hablaban cualquier otro que no fuera inglés, no podían fortalecerlo en el salón de clases. Así fue como la pequeña Giselle de cinco años perdió su lengua materna. Es una historia demasiado común en el Estados Unidos de las décadas pasadas, y un fenómeno que están tratando de revertir las tendencias recientes de la educación bilingüe.

Con su propia historia en mente, en 2007 Giselle inauguró, llena de entusiasmo, el programa dual de lengua en francés de la escuela pública 58. El positivo encuentro entre las tres madres, Catherine Poisson, Anne-Laure Fayard y Mary-Powell Thomas, así como su comprometida directora, sirvió para preparar el camino en el que muchos grupos reproducirían su esfuerzo. Con la guía del grupo original, muchos padres nuevos se organizaron y formaron conjuntos grandes que recibieron el apoyo y compromiso de administradores escolares e individuos clave de la comunidad interesados en el programa. Este movimiento condujo a la creación, en los últimos diez años, de docenas de programas bilingües en francés en toda la Ciudad de Nueva York, así como en varias ciudades más de Estados Unidos. El éxito continuo del programa de la escuela pública 58 motivó a nuevas oleadas de padres a acercarse a las escuelas con propuestas para el establecimiento de programas, y listos para hacer lo que fuera necesario para llevar la educación bilingüe a sus vecindarios. Hasta la fecha, los educadores e investigadores en Estados Unidos y el extranjero siguen señalando esta iniciativa en particular como un deslumbrante ejemplo de la fuerza de los programas duales de lengua en el siglo XXI.

Cuando otras comunidades de la ciudad empezaron a enterarse del éxito de la escuela pública 58, se produjo una creciente sinergia entre varias organizaciones, en las que se incluyen los Servicios Culturales de la Embajada de Francia, varias organizaciones filantrópicas sin fines de lucro, revistas noticiosas locales en francés,[41] y *Éducation en Français à New York*, una organización de voluntarios, cuya misión es proveer ofertas francesas en las escuelas públicas cercanas. Esta dinámica colaboración facilitó la multiplicación del número de programas duales en francés en Nueva York, en un período particularmente corto. También plantó las semillas de la revolución bilingüe original en la ciudad, en lo que después llegaría a conocerse como la "Revolución bilingüe francesa".[42]

La opción de la escuela pública

A la revolución la impulsó un creciente interés en la educación bilingüe en la comunidad francófona, aunado a la necesidad de servir a sus diversas poblaciones dentro del marco del sistema de las escuelas públicas. En 2012 calculé que, en Nueva York, ciento veinte mil personas hablaban francés en casa, cifra que incluía a veintidós mil niños. Esto revela el potencial existente para llenar más de cincuenta programas duales de lengua en inglés y francés en la ciudad.[43] En el área metropolitana de Nueva York, las familias francófonas expatriadas —así como las familias estadounidenses y las internacionales interesadas en la educación en francés—, que pueden pagar las colegiaturas de una escuela privada, tienen un excelente abanico de opciones educativas de dónde elegir. Las instituciones bien establecidas como el Lycée Français de Nueva York, la United Nations International School, el Lyceum Kennedy, la French American School of New York en Larchmont, la International School of Brooklyn, la École Internationale de New York, la French American Academy, y la French American School of Princeton, ofrecen programas educativos bilingües de alta calidad que siguen planes acreditados de acuerdo con los propios estándares educativos nacionales de Francia. En estas escuelas las familias disfrutan, a cierto costo, de los beneficios y oportunidades que provee la educación bilingüe, y sus niños pueden llegar a dominar tanto el inglés como el francés a muy alto nivel.

A principios de los 2000, Nueva York fue testigo de un influjo de jóvenes familias francófonas que no podían pagar las colegiaturas de estas escuelas. Al mismo tiempo, varios vecindarios en el oeste de Brooklyn, Harlem, Queens y el sur del Bronx, presenciaron un crecimiento constante en sus poblaciones francófonas, las cuales incluían inmigrantes de Europa, Canadá, África y el Caribe. Estas poblaciones recién llegadas tenían la esperanza de preservar las habilidades lingüísticas de sus hijos al mismo tiempo que se ajustaban a la vida en Estados Unidos. Esto condujo a un crecimiento exponencial de la demanda de programas duales de lengua en francés, estimulada por la presencia de francófonos que con frecuencia les pasaban desapercibidos a las autoridades escolares porque muchos hablaban otras lenguas principales en casa como el wolof, el bambara y el criollo, y porque sólo los funcionarios escolares los identificaban como hablantes de dichas lenguas. Los programas duales de lengua también se volvieron extremadamente populares entre las familias estadounidenses e internacionales cuyo idioma principal no era el francés, pero que se sentían atraídas a la idea de la educación bilingüe para sus niños.

El crecimiento de la revolución

Los programas que se inauguraron en 2011 en la escuela pública 110 en Greenpoint y en la 133 en Boerum Hill, reciben cientos de solicitudes de ingreso cada año a pesar del limitado número de lugares disponibles en los grupos del programa dual de lengua en francés de kínder. Estos programas fueron establecidos por padres de ascendencia francesa. Algunos nacieron en Estados Unidos, y otros en Canadá y Francia. La mayoría de los solicitantes vienen de familias monolingües que sólo hablan inglés y no tienen vínculos culturales o lingüísticos con el francés. En otras instituciones de Brooklyn, como la escuela pública 20 en Clinton Hill y la 03 en Bedford-Stuyvesant, el programa dual en francés en realidad fue establecido, o por padres estadounidenses que no hablaban francés, o por educadores que querían mejorar su oferta educativa para las familias provenientes de países francófonos a las cuales no se les estaba atendiendo de la manera adecuada.

Padres profundamente motivados como Virgil de Voldère y Susan Long, una pareja franco-estadounidense que deseaba que sus dos hijos fueran completamente bilingües y que dominaran la lectoescritura en ambos idiomas, se sintieron inspirados a iniciar en 2008 un programa dual de lengua en francés en la escuela pública 84, en el Upper West Side de Manhattan. Virgil nos explica cómo empezó su propia iniciativa:

> Mi esposa Susan propuso la idea de hacer un programa dual de lengua en francés. Nos reunimos y empezamos a hacer planes para abrirlo el siguiente septiembre. Apenas era febrero, y para mayo ya habíamos reunido información de cien familias del vecindario. Robin Sundick [entonces director de la escuela pública 84] trabajó con todos los integrantes de su jerarquía para evitar la burocracia. De forma milagrosa, para septiembre ya teníamos un programa. Lo que siempre les digo a todos los padres francófonos, y en especial a los que vienen de Francia y están acostumbrados a un sistema educativo dirigido por el estado, es que en Estados Unidos ellos realmente pueden marcar la diferencia. Pueden organizar y proponer, e incluso tienen el derecho a que el idioma de su patrimonio lingüístico se hable en la escuela.[44]

Para lograr su objetivo, Virgil y Susan reclutaron la ayuda de otra madre de la escuela. Se trata de Talcott Camp, una abogada estadounidense de derechos civiles. Talcott era madre de dos niños y, como era francófila, tenía la esperanza de que sus hijos llegaran a ser bilingües. Más adelante se convertiría en presidente de *Éducation en Français à New York*. Talcott explica su participación en la iniciativa de la siguiente manera:

> Yo estaba interesada en la adquisición de la lengua, pero en realidad, la razón por la que deseaba un programa dual de lengua para mis hijos era porque no quería que crecieran siendo monolingües. Me parecía que sería una existencia sumamente pobre. Quería que crecieran sabiendo más de un idioma por la riqueza que esto provee y por la perspectiva que les daría en cuanto a los temas políticos y culturales, incluso por el desarrollo mental. Nos habría encantado participar en un programa dual de lengua en francés, pero nunca se me ocurrió que podría suceder. En realidad, fue Virgil el que dijo *"Pourquoi pas?"* [¿Por qué no?]. Robin Sundick, director de la escuela en aquel tiempo, le dijo: "Si me traes suficientes familias francófonas, lo haré". Y ahí fue cuando comenzó la labor.[45]

Como lo prometieron, Virgil, Susan y Talcott reunieron la cantidad necesaria para hacer realidad su visión de un programa de inmersión en francés. La escuela que eligieron, la número 84, resultó ser pionera en la educación dual, y pudo movilizar su estructura administrativa ya existente para programas duales. Así fue como, de una manera ágil y eficiente, se abrió el programa en francés en septiembre de 2008. Actualmente el programa atiende a cerca de doscientos cincuenta estudiantes originarios de Europa, Canadá, el Caribe y África. Para el final del quinto grado, todos los estudiantes del programa ya eran bilingües, dominaban la lectoescritura en ambos idiomas y tenían un sólido manejo de las culturas estadounidense y francófona. Este éxito fue posible gracias a los padres que sondearon el vecindario, diseñaron posters, actualizaron sitios de Internet y organizaron reuniones tipo *open house*.

Desde septiembre de 2007, catorce escuelas públicas de Nueva York han abierto programas duales de lengua en francés, diez de los cuales continúan en operación. Los cuatro programas que finalmente cerraron, fracasaron debido a una planeación deficiente o a cambios en los directores escolares:

obstáculos difíciles de librar en la implementación de programas duales de lengua. En las historias de éxito se incluyen siete programas duales en primarias, entre los que hay escuelas públicas de Manhattan y Brooklyn, y la New York French-American Charter School, una escuela particular en Harlem. Asimismo, tres escuelas secundarias (M.S., por sus siglas en inglés) ofrecen un plan dual de lengua en el octavo grado: escuela media 51 en Park Slope, escuela secundaria 256 en Upper West Side, y la Boerum Hill School for International Studies en Brooklyn. Esta última se encuentra actualmente en el proceso de implementar el primer programa de Bachillerato Internacional dual de lengua en francés, en una escuela pública en Estados Unidos, y se tiene el plan de acompañar a los estudiantes hasta el doceavo grado para culminar con un diploma de Bachillerato Internacional bilingüe.

Ahora que más y más estudiantes del programa dual de lengua en francés están entrando a la preparatoria, resulta fundamental que las escuelas garanticen la continuidad de su educación tanto en inglés como en francés. Los programas duales de lengua en francés de la Ciudad de Nueva York sirven hoy en día a más de mil setecientos estudiantes, pero se estima que la cifra total de estudiantes atendidos casi duplica la anterior si se incluye a las familias que tuvieron que reubicarse o que abandonaron el programa, o los programas mismos que han sido cerrados desde 2007. Las proyecciones actuales indican que, si la oleada de impulso sigue ganándose el apoyo de los directores de las nuevas escuelas, los miembros de la comunidad y los padres, para 2020, siete mil estudiantes más podrían beneficiarse con estos programas.

El dolor de crecer y el manejo del éxito

Puede resultar lamentable e incluso peculiar que lo que esté deteniendo a la Revolución Bilingüe francesa no sea la falta de interés, sino de espacio. Es por esto que los programas duales de lengua en francés han tenido que rechazar a más familias, francófonas y de otros tipos, de las que han aceptado. El número de lugares disponibles en la ciudad continúa siendo limitado, lo que propicia una competencia feroz entre los solicitantes. Por suerte, se puede combatir este problema. Por medio de colaboraciones con nuevas escuelas y con el compromiso de los nuevos padres, la expansión de los programas puede lograr que estas oportunidades sean más accesibles para las familias profundamente interesadas de la zona de Nueva York y más allá.

El problema del espacio en las aulas, sin embargo, no es la única dificultad que limita el desarrollo de las iniciativas. A medida que aumenta la cantidad de programas duales de lengua, también crece la necesidad de contratar maestros calificados. A este predicamento con frecuencia lo acompañan otros obstáculos en el reclutamiento de maestros competentes, calificados bilingües que deseen trabajar en escuelas públicas. En este momento, la mayoría de los candidatos para los puestos de enseñanza bilingüe en Estados Unidos son ciudadanos estadounidenses o maestros que tienen permiso de residencia porque las escuelas no tienen la posibilidad de emitir permisos de trabajo a los maestros extranjeros debido a los complicados procedimientos burocráticos. Con frecuencia se requiere de un título en educación bilingüe, y en la Ciudad de Nueva York es obligatorio contar con la certificación del Estado de Nueva York para dar clases en una escuela pública. Atraer a candidatos excepcionales en grandes cantidades se ha convertido en un elemento crucial para el establecimiento de los programas bilingües. Como respuesta a esta necesidad, el Hunter College de Manhattan, una institución que ha ofrecido una maestría en educación bilingüe en español desde 1983, añadió a su oferta de cursos una opción en francés. Para animar a los estudiantes a solicitar su ingreso al programa de Hunter y a otros similares en la ciudad, la *Société des Professeurs de Français et Francophones d'Amérique* estableció un programa de becas para apoyar a los futuros maestros de programas duales de lengua en francés.[46] Los programas de becas y de certificación como estos son fundamentales para que los programas duales lleguen a ser autosustentables en el futuro.

Además de maestros calificados, también hay una gran necesidad de materiales educativos, especialmente libros para las aulas y las bibliotecas escolares, adaptados a distintos temas y niveles de dominio de la lengua. La recaudación de fondos juega hoy en día un papel fundamental en este sentido. Los padres que tienen experiencia en el manejo de campañas y de finanzas a gran escala han sido esenciales para recaudar los recursos necesarios para apoyar a las escuelas que albergan programas duales de lengua en francés. Un equipo dirigido por recaudadores profesionales y familias del programa ayudaron a los Servicios Culturales de la Embajada de Francia y a su socia, la Fundación FACE, a echar a andar una campaña de recaudación en toda la ciudad, la cual durará varios años y servirá para apoyar a grandes cantidades de niños de los programas duales de lengua en francés, en especial en los vecindarios desatendidos de Bronx, Queens y el este de Brooklyn, donde residen muchas familias francófonas.⁴⁷ Esta iniciativa se transformó en un programa nacional, el French Dual-Language Fund (Fondo de Programas Duales en Francés), dirigido por Bénédicte de Montlaur, Consejera Cultural de la Embajada de Francia. El objetivo del fondo es construir una red perdurable de programas duales de lengua y de inmersión, firmemente anclada en el panorama educativo estadounidense. El fondo ha recibido el apoyo de generosos individuos, fundaciones, corporaciones e instituciones públicas. Asimismo, organizaciones como el Instituto Francés, la Alianza Francesa, el Comité de Sociedades Francófonas (Committee of French-Speaking Societies), la Fundación Alfred and Jane Ross, la Delegación del Gobierno de Quebec, e incluso el Senado francés —gracias en parte al apoyo de los senadores que representan a los ciudadanos radicados fuera de Francia—, se convirtieron en ardientes simpatizantes y generosos defensores de los programas duales de lengua en francés de la Ciudad de Nueva York.⁴⁸

Jane Ross, una educadora internacional y antigua maestra de inglés en el Lycée Français de Nueva York, también fue fundamental para establecer el programa French Heritage Language de la Embajada de Francia y la Fundación FACE. En los últimos diez años este programa ha ayudado a jóvenes inmigrantes francófonos de distintos orígenes a preservar su patrimonio lingüístico mientras se adaptan a la vida en Estados Unidos. El programa ofrece clases gratuitas de francés a través de Internationals Network for Public Schools, una organización que les da la bienvenida a los inmigrantes recién llegados.⁴⁹ La mayoría de los estudiantes inscritos en el programa vienen de África Occidental y de Haití. Por medio de un apoyo durante y después de clases, el programa construye el alfabetismo en francés de los estudiantes y acelera su dominio del inglés. Los estudiantes también tienen la oportunidad de obtener créditos universitarios mientras están en el programa, a través de la aprobación de exámenes selectivos. En suma, desde su creación en 2006, más de tres mil estudiantes, de kínder al doceavo grado, se han beneficiado del programa French Heritage Language, el cual se ha convertido en una parte integral de la educación francófona en Nueva York y es un importante socio de los programas duales de lengua y figura importante de la Revolución Bilingüe francesa.

La sinergia de la historia del programa dual de lengua en francés de Nueva York ilustra a la perfección el papel esencial que juegan los padres y los educadores en el desarrollo de este tipo de iniciativas, así como la importancia de las organizaciones externas que pueden ofrecer un apoyo fundamental de distintas maneras. Estas viñetas son evidencia de que los individuos comprometidos son capaces de unir fuerzas para responder a las necesidades de una comunidad, establecer campañas exitosas de recaudación de fondos y crear asociaciones con instituciones que tienen la capacidad de ofrecer asistencia para la resolución de problemas que, sencillamente, son demasiado grandes y complejos para que un grupo de padres los resuelvan solos.

Como ya hemos visto, miles de niños se han beneficiado de los esfuerzos combinados de muchos individuos, grupos y organizaciones dedicados a la educación bilingüe en francés en las escuelas públicas de Nueva York. Se tiene una profunda esperanza de que en el futuro cercano se pueda servir a todavía más niños. La historia del programa dual de lengua en francés representa todo lo que la Revolución Bilingüe puede ofrecer: programas de calidad en escuelas públicas para niños de todos tipos de orígenes étnicos, lingüísticos y socioeconómicos. Si la Revolución Bilingüe continúa extendiéndose a este increíble ritmo, será imposible decir qué tan lejos llegará.

CAPÍTULO 7

Superar los prejuicios:
Los programas duales en lengua árabe

E l primer programa dual de lengua en inglés y árabe de la Ciudad de Nueva York fue fundado en la Khalil Gibran International Academy, una escuela pública en Brooklyn que en septiembre de 2007 acogió a los estudiantes de sexto grado. La escuela lleva el nombre de Khalil Gibran, un artista y poeta libanés-estadounidense que también fue escritor de The New York Pen League. Gibran llegó a Estados Unidos cuando era niño, creció en Boston y asistió a una clase especial para inmigrantes en la escuela. Ahí logró dominar el idioma inglés, pero en casa trabajó para conservar su fluidez en árabe. El joven llegó a ser una figura literaria prestigiada y celebrada en ambos idiomas, y también fue un respetado defensor internacional de la comprensión multicultural, encarnación del espíritu de la educación dual de la lengua hasta la fecha.

La Khalil Gibran International Academy fue la primera escuela pública de Estados Unidos que ofreció un plan de estudios con énfasis en la lengua y la cultura árabes. El apoyo llegó de muchas instituciones, incluyendo de un comité conformado por el Lutheran Medical Center, el American-Arab Anti-Discrimination Committee, y el Arab-American Family Support Center. Debbie Almontaser, la directora fundadora, se esforzó en crear una escuela bilingüe con base en lo que deseaba la comunidad. La escuela estaba programada para comenzar en el sexto grado y continuar en la preparatoria para que los niños en verdad pudieran llegar a ser bilingües y biculturales.[50]

Dado que se trataba de una comunidad diversa en los aspectos religioso y político, el grupo trató inicialmente de ofrecer educación tanto en hebreo como en árabe, pero el modelo resultó demasiado ambicioso para ser implementado, en especial tomando en cuenta los distintos estándares y regulaciones de la educación pública en el Estado de Nueva York. Más adelante el grupo decidió cambiar su enfoque principal y centrarse en un programa dual en lengua árabe que fomentara los valores de inclusión y pluralismo al mismo tiempo que satisficiera las necesidades de la comunidad local. La escuela también había sido prevista como un medio para fomentar la tolerancia en un tiempo de islamofobia y racismo exacerbados.[51]

La derrota y las lecciones que podemos aprender de ella

Desafortunadamente, el programa dual de lengua de la escuela media en Khalil Gibran International Academy no sobrevivió a los ataques de la prensa y de varias coaliciones. A pesar de que la misión de la escuela era clara y estaba bien estructurada, se convirtió en el blanco de demasiada hostilidad, como fue el caso de una manifestación organizada por un grupo llamado "Stop the Madrassa" (Detengamos a la escuela) frente al Ayuntamiento de Nueva York. Afuera de la institución también se presentaban multitudes de manifestantes que agitaban pancartas durante días y protestaban por el plan de estudios dual en árabe e inglés argumentando, con base en temores, que serviría para adoctrinar a los niños con la ideología radical islamista. Estas reacciones eran producto del contexto posterior al 11 de septiembre, que continuó abrumando como plaga a las instituciones árabes y musulmanas de la Ciudad de Nueva York en aquel tiempo.

A pesar de lo que *The New York Times* describió como "un movimiento organizado para detener a los ciudadanos musulmanes que buscan ocupar un papel más amplio en la vida pública estadounidense"[52], la escuela defendió su plan de estudios bilingüe que ya había comenzado a dar sólidos resultados académicos y sociales. En 2007, sin embargo, la ciudad dejó de respaldar a la escuela y la directora Debbie Almontaser fue forzada a renunciar en medio del escándalo mediático a pesar de que era una reconocida activista interreligiosa en la ciudad. Más adelante, en un caso llevado hasta la Comisión de Oportunidades de Empleo Igualitarias (Equal Employment Opportunity Commission), se encontró que el Departamento de Educación de la Ciudad de Nueva York había discriminado a la directora. En una triste conclusión personal y profesional de la labor de la directora Almontaser, la Khalil Gibran Academy fue forzada a abandonar su programa dual en lengua árabe.

Actualmente esta escuela se ha reinventado en una nueva institución comunitaria que promueve el mensaje de paz de Gibran. Dejó de ser escuela secundaria y se convirtió en una preparatoria que atiende a los grados 9-12. Su misión es:

> Desarrollar, conservar y permitir la graduación de alumnos que estudiarán toda la vida y que cuentan con un profundo entendimiento de distintas perspectivas culturales, amor por el aprendizaje y anhelo por la excelencia acompañada de integridad. La escuela fomenta el desarrollo holístico de sus alumnos y los motiva en su crecimiento social, emocional, físico e intelectual. En conjunto con nuestros socios, estamos dedicados a proveer un ambiente de aprendizaje colaborativo y alentador enfocado en la comunidad, en el que los alumnos puedan desarrollar su potencial completo y crecer para convertirse en líderes globales responsables que tendrán un impacto en el mundo que los rodea.[53]

La escuela tiene programas de lengua en inglés y árabe, pero no en el contexto de los programas duales. Aunque tal vez los alumnos que se gradúen de Khalil Gibran no tendrán un dominio total del árabe, de todas formas desarrollarán habilidades que fortalecerán su crecimiento personal y su comprensión intercultural, y que, sin lugar a duda, les ayudarán a navegar en las oportunidades profesionales que se les presenten en el futuro en sectores como el de los negocios y las relaciones internacionales.

Aunque la historia de Khalil Gibran Academy tiene aspectos rescatables, las poblaciones arabófonas siguen siendo un grupo estigmatizado y marginado. Desde el 11 de septiembre, el miedo a la discriminación entre los árabes-estadounidenses y las comunidades arabófonas de Estados Unidos, ha sido latente. Los hablantes de la lengua árabe suelen ser representados de una forma negativa y con frecuencia se les mira con suspicacia sólo por sus antecedentes lingüísticos, su identidad étnica o su apariencia física.[54] Por si fuera poco, este grupo tiende a ser clasificado de forma categórica como "musulmanes", cuando, en realidad, muchos arabófonos son cristianos o provienen de otros contextos religiosos. Los malentendidos y los ataques discriminatorios persisten, y el acalorado y dividido clima político en Estados Unidos de los tiempos recientes, no ayuda a mejorar la situación. Esta abrumadora y desfavorable atención ha dado como resultado tensiones, incomodidad y angustia en la comunidad árabe-estadounidense, tal como lo explica Zeena Zakharia, profesora asistente de educación internacional y comparativa de la Universidad de Massachusetts en Boston:

> Creo que para las comunidades árabes es diferente en el aspecto político [...] La gente quiere pasar desapercibida, no quiere causar problemas, no sabe si pedir algo es equivalente a buscarse problemas.[55]

Esta sensación de aprensión es palpable entre quienes hablan árabe en público, e incluso en casa, entre los padres y sus hijos. A menudo, las familias prefieren que sus niños no aprendan árabe en absoluto, como lo confirma Zeena:

> El árabe no es un idioma de estatus elevado. Las políticas son difíciles en lo que se refiere al árabe. Incluso en el Líbano, donde fui directora de una escuela con programas duales de lengua, solía haber padres que regresaban de Estados Unidos con sus niños para vivir en Líbano y decían: "No quiero que mis hijos aprendan árabe".[56]

Esta erosión del patrimonio de la lengua árabe en Estados Unidos y en el mundo entero que describe Zeena, es perturbadora. Como ya lo hemos visto en otras comunidades lingüísticas, el miedo a la discriminación y el anhelo de incorporarse son fuerzas increíblemente poderosas que afectan al bilingüismo en Estados Unidos. Frente a la adversidad, el árabe se ha convertido en la víctima más reciente en una larga historia de idiomas que en Estados Unidos han sucumbido a la creciente presión sustentada por los prejuicios sociales y étnicos.

Se presenta un resurgimiento

Afortunadamente, los padres y los profesionales de la enseñanza han tenido cierto éxito en el combate a estos estigmas, y la enseñanza en lengua árabe en Nueva York ha sido testigo de una especie de resurgimiento. En 2013, la Oficina de Aprendices del Idioma Inglés de la Ciudad de Nueva York se acercó a Carol Heeraman para hablarle de un proyecto para la creación de un programa dual de lengua en su escuela, la escuela pública/escuela secundaria 30, en Brooklyn, y a ella de inmediato le vino a la mente la idea de que el árabe fuera la lengua objetivo porque la mayor parte de la población de su escuela la hablaba en casa. Familias de Yemen, Egipto, Líbano y Siria habían empezado recientemente a mudarse al vecindario y necesitaban que la oferta bilingüe en árabe de las escuelas públicas se ampliara. El programa fue recibido con un entusiasmo abrumador por parte de los padres y no fue difícil de vender en absoluto porque el árabe ya estaba bien establecido en la escuela y en la comunidad. Lo más importante era que el director y el personal no tenían ninguna noción negativa preconcebida respecto a esta lengua, y estaban conscientes de su potencial para preparar a los estudiantes para el éxito en el futuro.

Gracias al programa dual de lengua en árabe e inglés, la escuela pública/escuela intermedia (secundaria) 30 encontró rápidamente un dedicado socio en Qatar Foundation International, una organización dedicada a la lengua árabe y a la educación cultural. La escuela y la fundación trabajaron en conjunto para transformar la iniciativa del programa dual de lengua en un esfuerzo comunitario.[57] Qatar Foundation International proveyó los fondos necesarios, el planeamiento del programa de estudios y materiales para lanzar el programa.[58] Le dieron legitimidad a la iniciativa y compartieron con entusiasmo su experiencia en el campo de la educación en lengua árabe. La fundación también colaboró con financiamiento para contratar a Mimi Met, experta en inmersión en lenguas, para que se desempeñara como asesora del programa. Asimismo, los funcionarios de la escuela trabajaron al lado de la Arab-American Association, ubicada cerca de ahí, en la Quinta Avenida, en Brooklyn. La misión de esta organización es "apoyar y empoderar a los inmigrantes árabes y a la comunidad árabe-estadounidense ofreciéndoles servicios para ayudarlos a ajustarse a su nuevo hogar y a convertirse en miembros activos de la sociedad".[59] Linda Sarsour, entonces directora de la asociación y conocida activista política palestina-estadounidense, estaba ansiosa de involucrar a su propia red de contactos para que acogieran la iniciativa y la mejoraran. Estas colaboraciones le permitieron al programa dual de lengua en árabe ganar acceso a fondos necesarios y al apoyo comunitario: componentes clave para su éxito.

A pesar de los prejuicios y los estigmas que rodean a la comunidad arabófona en la actualidad, las habilidades en esta lengua son increíblemente valoradas en el ámbito profesional, en especial en Estados Unidos. En el contexto de la época posterior al 11 de septiembre, ahora hay muchos empleos que requieren del árabe, y existe una gran cantidad de oportunidades laborales relacionadas con el mundo de habla árabe. La mayor parte del crecimiento en la educación en lengua árabe en Estados Unidos se ha producido a nivel universitario, pero para los niños es una enorme ventaja aprenderla a temprana edad, lo cual destaca el potencial de impacto que tienen los programas duales.[60]

La fluidez en árabe separa a los candidatos en la competencia por universidades, becas y programas de enriquecimiento. El conocimiento de esta lengua y la familiaridad con la cultura árabe ofrecen acceso a carreras en los ámbitos de los negocios, la diplomacia, el periodismo, la seguridad y las políticas públicas, entre otros.[61] Además, el árabe es uno de idiomas hablados como segunda lengua con mayor crecimiento en Estados Unidos y hay más de un millón de estadounidenses que lo hablan en casa.[62]

La directora Heeraman señala con prontitud que, debido al panorama multicultural del vecindario al que la escuela atiende, muchas familias interesadas en el programa dual de lengua en árabe hablan otros idiomas en casa, como el ruso o el chino. Estas familias ven el programa como una forma de enriquecimiento académico, algo parecido a las clases para estudiantes "dotados" que ya existen en las escuelas de todo el país. En este sentido, la educación en árabe ha empezado a ganarse el estatus que con tanta frecuencia se le negó en intentos pasados porque las familias ahora saltan ante la oportunidad de que sus niños adquieran fluidez en un segundo e incluso en un tercer idioma.

Se define la misión

Durante su desarrollo, el programa dual de lengua en árabe se enfrentó a preguntas de los padres y de miembros de la comunidad que necesitaban un panorama definido de lo que implicaría. Para empezar, la educación en árabe con frecuencia se considera apropiada para participar en la tradición religiosa islámica, en particular para la lectura del Corán. Muchos padres expresaron en un principio su inquietud por la posibilidad de que el programa hiciera más énfasis en el aspecto religioso que en el lingüístico a pesar de que la enseñanza se estaba llevando a cabo en las instalaciones de una escuela pública. Para asegurarse de que habría una línea directa de comunicación desde el inicio, la directora Carol Heeraman les dejó claro a los padres que la escuela no estaba asociada con ninguna tradición religiosa, y que su misión era meramente de naturaleza educativa y académica. Su misión, definida con gran cuidado, consistía en apoyar el desarrollo de los estudiantes bilingües y diestros en la lectoescritura del inglés y el árabe. Esta insistencia en clarificar la misión le permitió al programa en árabe dejar atrás las dudas o sospechas que aún quedaban y que tuvieron un impacto negativo en los programas duales de lengua en inglés y árabe establecidos anteriormente.

Después de varios meses de colaboración y planeación extensas, el programa en árabe de la escuela pública/escuela intermedia (secundaria) 30 abrió sus puertas, en septiembre de 2013. El plan de estudios bilingüe fue diseñado con base en la división de la jornada escolar: las clases matutinas se imparten en árabe y las vespertinas en inglés, o viceversa. Hoy en día la escuela ofrece clases del programa dual desde el kínder hasta el tercer grado y cada año se agrega un nuevo grado conforme el grupo original avanza. Como la directora Heeraman también dirige la escuela intermedia (I.S.) 30, planea continuar con el plan de estudios dual hasta el octavo grado.

Para todos los involucrados, la importancia establecida del árabe como una lengua internacional y crítica ha aumentado la popularidad de la escuela pública/escuela intermedia 30 en la comunidad, como lo confirma Carol Heeraman:

> Mis padres, que son cultos y sofisticados, son muy receptivos al programa. Están golpeando en la puerta para tratar de inscribir a sus hijos. El próximo año esperamos poder abrir dos clases de kínder en lugar de solamente una, y continuar todo el camino hasta el octavo grado... Estoy ansiosa de que estos bebés que ahora están en segundo grado, se gradúen. Tener niños de octavo grado bilingües y diestros en la lectoescritura en ambos idiomas, será asombroso. Tendremos toda una graduación en árabe. Es fenomenal. Y es posible. [63]

Esta visión del futuro, creada y llevada a cabo por la directora Heeraman, es en verdad inspiradora. Su liderazgo y fervor por los programas duales de lengua en árabe de su comunidad, continúan cambiando la vida de muchos niños y familias que pasan por el programa y reciben la oportunidad de aprender y crecer en dos idiomas.

A pesar de las recientes dificultades y contratiempos causados por la adversidad, la comunidad arabófona de la Ciudad de Nueva York ha tenido un enorme éxito en el establecimiento de dos programas bilingües en años recientes. Buena parte de su éxito radica en el apoyo inquebrantable de los administradores de la escuela, las fundaciones y las organizaciones comunitarias locales que permiten que programas tan valiosos como estos prevalezcan en medio del clima político actual. Los sucesos del programa árabe ofrecen un complemento bastante necesario y hasta cierto punto inesperado para la historia de la Revolución Bilingüe. Retratan vívidamente la importancia de la colaboración y del respaldo de muchas fuentes distintas. Aunque participaron activamente en su propio programa dual de lengua, en esta ocasión los padres arabófonos no fueron los iniciadores. Para el establecimiento de estos programas en Nueva York se necesitó que toda una ciudad iniciara su propia Revolución Bilingüe.

CAPÍTULO 8

Celebración de la cultura: El programa dual de lengua de la comunidad polaca

E l barrio de Greenpoint, en el norte de Brooklyn, es el hogar del primer programa dual de lengua en polaco e inglés de la Ciudad de Nueva York. El programa comenzó en la escuela pública 34, en septiembre de 2015. Inició con un grupo de kínder y está previsto que cada año se amplíe con un grupo nuevo de alumnos que vengan de fuera. Durante casi siglo y medio, la escuela pública 34 ha sido una institución local en Greenpoint, área conocida por su gran comunidad polaco-estadounidense como lo indica su sobrenombre: "La pequeña Polonia". El vecindario se jacta de contar con la segunda concentración más grande de hablantes de polaco en Estados Unidos, después de Chicago,[64] lo cual se debe, en parte, a las grandes cantidades de polacos que llegaron a Nueva York antes del inicio del siglo XX.[65] Manhattan Avenue está en el corazón de la Pequeña Polonia y ahí puede uno encontrar muchas carnicerías polacas con tiras de kiełbasa, panaderías con pan tradicional y babkas, y supermercados con pepinillos agrios polacos, mermeladas, sopas secas y chucrut. Con la incorporación del programa dual de lengua en polaco, la escuela pública 34 se ha convertido en un lazo viviente con la rica historia de Greenpoint y en un símbolo de la Revolución Bilingüe en Brooklyn.

Abrir un programa dual de lengua en un vecindario cultural e históricamente polaco de Brooklyn, fue un parteaguas para la comunidad polaca y para la ciudad entera. Cuando se inauguró formalmente el programa en 2015, estuvieron presentes los padres, los funcionarios locales y de la ciudad, y los diplomáticos. Las estaciones polacas locales de noticias diarias que estuvieron disponibles, cubrieron el evento.[66] La superintendente del Distrito 14, Alicja Winnicki, quien también es inmigrante polaca y anteriormente fue directora de la escuela pública 34, felicitó a la actual directora Carmen Asselta, a los maestros y a los padres por la creación del programa en el corazón de Greenpoint. Urszula Gacek, Cónsul General de Polonia en Nueva York, alabó la oferta bilingüe de la escuela. Tomando en cuenta sus antecedentes personales —nació en Inglaterra, fue educada en Oxford, es hija de inmigrantes polacos y llegó a ser senadora polaca y miembro del Parlamento Europeo—, la Cónsul explicó: "No puedo imaginar no apoyar el programa dual de lengua en polaco". La inauguración del programa fue un momento de gran orgullo para todos los involucrados, era la culminación del esfuerzo de muchos dedicados padres, educadores y actores de la comunidad.

La fuerza de la colaboración

Carmen y Alicja les dieron a los padres de la escuela el crédito por el lanzamiento del programa. El grupo fundador comenzó su iniciativa en 2014 con una encuesta en la comunidad para sondear el interés en un programa dual de lengua en polaco. Una vez que los integrantes del equipo se dieron cuenta de que tenían suficiente gente para armar un caso fuerte, contactaron a Carmen y le pidieron que considerara un programa en su lengua. Julia Kotowski recuerda:

> La idea comenzó con las madres polacas sentadas en el parque. Alguien dijo que había una ley que permitía que hubiera un programa dual de lengua en la escuela. Algunas nos reunimos, investigamos un poco y le escribimos cartas a la directora Asselta sobre nuestro deseo de iniciar un programa. Así fue como conocimos a Alicja Winnicki, la superintendente del distrito, quien presentó nuestra idea en el Departamento de Educación.[67]

Como lo muestran las historias relatadas en los otros capítulos de este libro, muchos programas duales de lengua empezaron con campañas ordinarias encabezadas por los padres. No obstante, una característica específica en el caso de la iniciativa del Programa dual de lengua en polaco de Greenpoint, fue el extraordinario apoyo que recibieron los padres po parte de la superintendente del distrito, junto con el de la administración de la escuela pública 34 y el del personal de enseñanza. Para asegurar el éxito de su labor, los líderes de la escuela se reunieron lo antes posible con los representantes de la Oficina de Aprendices del Idioma Inglés y presentaron los datos duros que los padres habían recolectado respecto al número de estudiantes en Greenpoint que estaban calificados para los servicios bilingües, así como la cantidad de familias interesadas. El proyecto fue iniciado pronto y, con el respaldo de la comunidad y del sistema escolar, poco después se convirtió en realidad.

Un programa claramente definido

El programa dual de lengua de la escuela pública 34 tenía como objetivo proporcionar a los Aprendices del Idioma Inglés y a los alumnos que ya dominaban esta lengua, un riguroso plan de estudios académico en polaco y en inglés. Elizabeth Czastkiewicz, una maestra de polaco de kínder del programa, explica los beneficios de enseñarles a sus alumnos la lengua en el entorno de un aula formal:

> Todos los niños nacieron aquí y la mayoría habla polaco en casa. Los que tienen hermanos suelen hablar inglés cuando van a casa, pero ahora los padres me dicen que cuando llegan ahí, hablan polaco. Me dio gusto enterarme de que el inglés ya no era su lengua predominante. Ahora se sienten mucho más confiados, así que pueden volver a casa y mostrar lo aprendido. En esta edad del kínder y el primer grado, los niños quieren mostrarle a su familia y a sus padres: "¡Mira lo que aprendí! ¡Esto es lo que estoy aprendiendo!". Los padres también desean eso. Fortalecer su confianza para que no les dé miedo cometer un error, ¡es genial![68]

Esta estructura les permite a los alumnos fortalecer sus habilidades académicas en el primer idioma y, más adelante, transferirlas al segundo. Se espera que cuando terminen el programa dual, en el quinto grado, comprendan, hablen, lean y escriban en polaco y en inglés. Por medio de una planeación cuidadosa entre los maestros de ambas lenguas, los niños se desarrollan como individuos bilingües y biculturales, hábiles en la lectoescritura de ambos idiomas.

En las aulas también se integran técnicas empíricas y prácticas a través de la lectura de libros en voz alta, con canciones, arte y artesanías, así como con excursiones y presentaciones multiculturales fuera del salón de clase. Carmen describe un ejemplo de este tipo de actividades de enriquecimiento:

El distrito participó en el proyecto Madlenka, pero cada escuela desarrolló su propia versión de acuerdo con la personalidad de la institución o con la misión de su enseñanza. El libro celebra el multiculturalismo y la riqueza del vecindario de Madlenka, la pequeña que camina por la cuadra para visitar a sus vecinos y descubre que cada uno de ellos representa una parte distinta del mundo. Mis grupos de kínder decidieron que iban a construir el vecindario de Madlenka en Greenpoint. Esa fue la versión de su grado: es nuestro vecindario. Una celebración de la riqueza del sabor multicultural de Greenpoint.[69]

Para este proyecto, los niños de la clase dual de lengua en polaco representaron panaderías, tiendas, casas adornadas con banderas polacas e incluso cuadros de veneradas figuras polacas nacionales. Al celebrar el vecindario multicultural que llaman hogar, los niños desarrollaron una noción de orgullo de su cultura.

Con todo lo anterior, incluso los niños que no tenían ascendencia polaca se emocionaron y se comprometieron profundamente con las actividades culturales. Estos chicos también pueden aprovechar mucho el programa dual. Efectivamente, los organizadores de la iniciativa han sido testigos de una oleada de familias sin ascendencia polaca, interesadas en la oferta educativa para sus niños. Carmen describe la evolución del programa y su atractivo para varios grupos de padres:

Esta clase de kínder es muy interesante porque hay cinco familias que no tienen ascendencia polaca en absoluto, pero de todas formas optaron por el programa. Lo eligieron sencillamente porque quieren exponer a sus hijos al idioma. Los niños llegan en silencio sin saber una sola palabra. Quieren experimentar lo que yo llamo una "lucha productiva". Cuando llegas sin saber nada, pero luchas a pesar de ello y sales victorioso, significa que participaste en una lucha productiva. Las familias quieren precisamente ese tipo de esfuerzo para sus niños.[70]

Actualmente la escuela tiene una larga lista de espera para el grupo del programa dual de lenguaje en polaco. A pesar del límite en admisiones, algunas familias incluso han estado dispuestas a inscribir a su hijo en un programa general, con la esperanza de poder transferirlo al programa dual al año siguiente. Como sucede con los programas duales exitosos, la demanda ha superado a la oferta, y las escuelas se ven significativamente limitadas por las restricciones en espacio y recursos. Naturalmente, el aspecto positivo del programa dual en polaco es que tiene mucho espacio para crecer y satisfacer de una manera más adecuada las necesidades de su creciente comunidad.

Las distintas formas de preservar la herencia

Con el objetivo de preservar la identidad lingüística y cultural de la comunidad polaca, además del programa dual de lengua ahora se ofrecen programas sabatinos y para después de clases. Históricamente, muchas familias polacas de Nueva York consideraban que la escuela sabatina era suficiente para preservar su herencia, particularmente si se toma en cuenta que querían que cuando sus niños estuvieran en las aulas, permanecieran inmersos por completo en el inglés Alicja Winnicki, superintendente del distrito, explica:

> Durante mucho tiempo, incluso cuando era directora de la escuela pública 34, donde más del cincuenta por ciento de los estudiantes provenía de hogares donde se hablaba el polaco, los padres no querían un programa dual. Sólo querían que sus hijos aprendieran inglés lo más pronto posible. La comunidad polaca enviaba a sus niños a las escuelas públicas para que aprendieran inglés y pudieran tener éxito aquí. La herencia polaca, la cultura, el idioma... ese era el papel de las escuelas sabatinas. La tendencia empezó a revertirse recientemente con las familias actuales que son mucho más jóvenes. Son parejas modernas que quieren que sus niños tengan la oportunidad de participar en un programa bilingüe y aprender dos lenguas de forma simultánea.[71]

Poco después, este cambio en la actitud dio como resultado una nueva perspectiva estratégica en los programas duales de lengua en polaco y en los programas sabatinos de enriquecimiento, así como en la forma en que pueden trabajar de manera conjunta para atender mejor a la comunidad polaca. Julia Kotowski, una de las madres fundadoras en la escuela pública

34, comentó:

> Las escuelas sabatinas enseñan cultura e historia polacas. Es algo
> que los chicos no tendrán en las aulas en la misma medida. Es algo
> que nos enseñaron en la escuela cuando estábamos en Polonia. No
> se trata de reemplazar el estudio académico del polaco, sino de
> añadirle otro nivel. Es una ventaja más de hablar ambos idiomas.[72]

Los padres empezaron a notar que las escuelas sabatinas eran
increíblemente eficaces para mantener los vínculos con su herencia, pero los
programas duales les daban a sus niños la oportunidad de dominar tanto el
inglés como el polaco de una manera estructurada y continua. De esta
forma las dos partes de las instituciones polaco-estadounidenses se
complementan al proveerles a las familias un plan cultural y lingüístico
completo y altamente riguroso.

Resultados positivos

El programa dual de lengua en polaco ha acogido con brazos abiertos a
niños de orígenes culturales muy distintos. En el caso de la diversa y robusta
comunidad polaca de Nueva York, el programa dual de lengua recibe a
familias de herencia polaca, desde inmigrantes recién llegados, hasta
inmigrantes de segunda, tercera o cuarta generación que tratan de volver a
vincularse con sus raíces polacas. Carmen describe la composición y los
logros de su programa en los siguientes términos:

> Tenemos padres que son polacos de primera generación, padres que
> nacieron aquí, y padres que emigraron cuando todavía eran bebés y
> no recuerdan haber vivido en Polonia. Tenemos niños que tienen
> abuelos polacos, pero nunca aprendieron el idioma. Saben que
> tendrán una oportunidad de aprender su lengua heredada, y que
> podrán hacerlo en la escuela.[73]

La capacidad que tiene el programa dual de lengua para conectar a
generaciones de comunidades a través de la educación, es una de sus
características más sólidas y profundamente personales. Por medio de un
renovado compromiso con la educación en la lengua patrimonio en el
marco de un programa dual, las relaciones con los miembros de la familia

que en algún tiempo eran inaccesibles o distantes, ahora pueden volverse más profundas y significativas. En particular en las comunidades inmigrantes, esto abre nuevos campos de posibilidad para que las familias preserven lazos entre generaciones y vinculen a sus niños con sus costumbres, su cultura y su linaje.

En todo momento, el programa dual de lengua no ha hecho más que fortalecer los lazos de la, de por sí unida, comunidad polaca. La vibrante vida comunitaria, los negocios, los centros culturales y las organizaciones culturales como Dobra Polska Szkoła, que ha jugado un importante papel en el fomento de la Revolución Bilingüe Polaca, han mostrado un desbordante apoyo al empeño bilingüe y se interesan profundamente en acoger a la siguiente generación de polaco-estadounidenses. Alicja explica el vínculo que siente con su herencia polaca de la siguiente manera:

> Tenemos una fuerte sensación de pertenencia y una sólida conexión con nuestra historia, nuestras luchas como nación y lo que nos mantuvo unidos. Todo el tiempo estoy de visita en la librería polaca de Greenpoint, sólo para mantenerme en contacto y sumergirme en la literatura, la cultura y la poesía. Mi hija solía escuchar a su padre recitar largos poemas de memoria; estuvo expuesta a estas raíces que verdaderamente nos dan la base de quienes somos. Forma parte de la herencia, y sé lo fuerte que es en la comunidad polaca. [74]

El conmovedor testimonio de Alicja destaca la importancia de la experiencia viva de la herencia y la cultura. Los tiernos momentos perdidos en la literatura o incluso la convivencia con la familia y los amigos, juegan un papel fundamental en la manera en que cada familia, niño e individuo experimenta su propia cultura.

La comunidad de Greenpoint es extremadamente afortunada de haber logrado preservar y celebrar sus raíces polacas, y es un ejemplo para el resto del país y del mundo, de la forma en que se puede nutrir un estilo de vida multicultural. El programa dual de lengua en polaco es un testimonio de lo orgullosa que se siente la comunidad de su herencia, y de su deseo de transmitirles a las siguientes generaciones de polaco-estadounidenses sus tradiciones culturales y lingüísticas. Las prósperas comunidades multiculturales son excelentes socias para los programas duales de lengua que, a su vez, producen estudiantes bilingües y biculturales altamente competentes. En su trabajo conjunto en cada uno de los vecindarios, estas alianzas establecen los cimientos de una revolución bilingüe perdurable que preserva los valiosos patrimonios lingüísticos y enriquece a las comunidades, una escuela a la vez.

CAPÍTULO 9

La preparación del camino: Los pioneros de la educación dual en español

E l español o castellano es la segunda lengua más hablada en la Ciudad de Nueva York, ya que los hispanohablantes conforman cerca de un cuarto de toda la población neoyorquina. Debido a lo anterior, buena parte de los programas duales de lengua de la ciudad, tanto los nuevos como los ya establecidos, se ofrecen en español o inglés. Los programas en español se extienden con rapidez y a menudo se desarrollan en vecindarios con grandes cantidades de Aprendices del Idioma Inglés. Sin embargo, el alcance de los programas duales en español va más allá de los hispanohablantes, y en muchos casos acoge a estudiantes de diversos orígenes y con distintas capacidades. La Revolución Bilingüe en Español estuvo al frente de la Revolución Bilingüe y actualmente diez mil niños asisten a programas duales de esta lengua en la Ciudad de Nueva York. Buena parte del éxito de los programas hoy en día se debe al activismo de quienes trabajaron para echar a andar los programas bilingües en español en la ciudad, así como a la creatividad y el incansable apoyo de los educadores y los administradores. La historia de cómo acogieron los programas para atender mejor a la comunidad hispanohablante, inspira y motiva, pero también ilustra lo lejos que ha llegado la educación bilingüe en las décadas recientes.

Cómo empezó todo

Resulta tentador pensar que los programas duales de lengua son una creación del pasado reciente, pero la promesa del bilingüismo, del dominio de la lectoescritura en dos idiomas, y de la biculturalidad que son la esencia de los programas actuales, se parece mucho a lo que los activistas y educadores puertorriqueños de los sesenta deseaban cuando empezaron a hacer campañas para el establecimiento de los primeros programas bilingües. Ofelia García lo explica:

> Los programas duales, si se llevan a cabo de la manera adecuada, son precisamente lo que la comunidad puertorriqueña habría deseado tener para sus hijos en un principio. Estos padres estaban exigiendo una educación que fuera legítimamente bilingüe, independientemente de las características lingüísticas.[75]

Pero a pesar de que los primeros activistas deseaban programas bilingües en español e inglés que les permitieran a sus niños crecer en ambas lenguas, no fue lo que obtuvieron en un principio porque la historia de la educación bilingüe en Nueva York y en Estados Unidos en general es complicada debido a las batallas políticas y sociales que se han traducido en diversos resultados en las aulas. El debate sobre lo que la educación bilingüe es o debería ser, es constante, y con frecuencia se entrelaza con acaloradas discusiones sobre la migración y la incorporación en Estados Unidos. García describe las tensiones subyacentes en aquella época temprana y el impacto que tuvieron en la educación bilingüe en español:

> La educación bilingüe en aquellos días se encontraba en un lugar muy distinto. La ciudad era primordialmente puertorriqueña entonces. Todos eran hispanohablantes y el asunto era muy político. Los pioneros querían un programa bilingüe que se ocupara de todo el continuo bilingüe de la comunidad y no sólo de aquellos que no sabían inglés. Los programas implementados se volvieron irrelevantes poco después porque la comunidad se tornó completamente anglófona y, por lo tanto, dejó de calificar para participar en ellos. Desde el principio ha existido una discrepancia entre lo que las comunidades deseaban, lo que las autoridades escolares estaban dispuestas a brindarles, y luego, cuando empezó todo este movimiento de los programas duales, la gente se dio cuenta de que la habían dejado fuera.[76]

En lugar de salones con el programa dual que permite aprovechar la fluidez tanto en inglés como en español, los programas bilingües que se les ofrecieron a los hispanohablantes desde el principio tenían como objetivo principal promover el monolingüismo y el dominio del inglés. Estos programas sólo se les proporcionaban a estudiantes que no hablaban inglés, y usaban el español exclusivamente como una herramienta para enseñar la otra lengua. Por supuesto, este sistema les impidió el acceso a muchos estudiantes con herencia hispana que nacieron en Estados Unidos y que llegaron con cierto conocimiento del inglés.

Tiempo después, la marea empezó a cambiar en el ámbito de la educación bilingüe. Se publicaron investigaciones que señalaban los beneficios de la educación bilingüe cuando se enseñaba en dos lenguas. Los activistas llegaron a ocupar puestos de influencia dentro de los distritos escolares y de las administraciones de la Ciudad de Nueva York, lo que permitió que los temas bilingües cobraran prioridad en la agenda. Carmen Dinos, profesora retirada de educación y pionera en el campo de la educación bilingüe, logró establecer los primeros programas bilingües en las escuelas públicas de Nueva York en las décadas de los sesenta y los setenta. Carmen relata su experiencia en ese punto coyuntural en la historia de la educación bilingüe:

> Hacia finales del movimiento de los Derechos Civiles, se desarrolló la Oficina Bilingüe como una división de la Junta de Educación. El director era Hernan LaFontaine, antiguo director de la escuela pública 25 en el Bronx, primera escuela bilingüe. La Oficina lidiaba con toda la ciudad en el aspecto de las políticas. Ahí fue cuando comprendí que la educación estaba íntimamente vinculada con la política. Al mismo tiempo, el campo floreció, ya que más y más investigadores en Canadá estaban demostrando los beneficios de la educación bilingüe. De pronto, ya no era un capricho. Había pruebas sólidas de que era buena para los chicos.[77]

Los administradores escolares también empezaron a percatarse de la moda de los "programas duales de lengua" que estaba arrasando en el país. Y la denominación, por cierto, ocultaba de una manera muy inteligente el cargado término "bilingüe" que había adquirido para entonces una connotación negativa. Ofelia García describe la lógica y la estrategia de un director fundador para la implementación de un programa similar en su escuela:

En aquel entonces había algunas luminarias. Una de ellas era Sid Morrison, director de la escuela pública 84. Por iniciativa propia, a mediados de los ochenta Sid empezó a decir: "Lo que tenemos no funciona. La comunidad cambió, ya no es monolingüe, ya no habla solamente español, se está gentrificando con rapidez. Necesitamos un programa para cualquier persona que desee inscribirse". Para distanciarse de los programas bilingües de transición, Sid tomó la etiqueta "dual de lengua" que empezaba a ganar terreno en el país.[78]

La estrategia funcionó. Con la ayuda de educadores, administradores y padres comprometidos, los programas duales de lengua en español iniciaron en la Ciudad de Nueva York. Actualmente, al tiempo que se escribe este libro, cuarenta y cinco escuelas que atienden a más de diez mil estudiantes en toda la urbe, ofrecen programas duales de lengua en español, de kínder a preparatoria.

La administración de Carmen Fariña, antigua rectora del Departamento de Educación, se enfocó de manera inusitada en el desarrollo de los programas de educación bilingüe. La antigua vicerrectora Milady Báez describe la filosofía del Departamento en lo referente a la educación bilingüe de la siguiente manera:

> Entendemos que la educación bilingüe tiene una historia en Estados Unidos, y que esta no siempre ha sido positiva. Ha habido muchos grupos de gente que tuvo que pelear y luchar. Hemos tenido que convencer a los padres de que sus hijos necesitaban ser educados en más de una lengua. Sabemos que los niños tienen el potencial; tienen la capacidad de transferir su conocimiento de una lengua a otra. Sabemos que cuando nuestros alumnos hablan más de un idioma, tienen un nivel más alto que los que sólo hablan uno.[79]

Este tipo de apoyo abarcador para la educación bilingüe, al nivel administrativo más alto, es profundamente valioso porque los líderes tienen la clave para la creación de grandes cantidades de programas duales de lengua.

Milady, que también es hispanohablante, tiene un profundo vínculo personal con el campo de la educación bilingüe. De no poder entender la lengua de enseñanza en su aula cuando era joven y acababa de llegar como inmigrante a Estados Unidos, Milady Báez pasó a ser maestra bilingüe de la Ciudad de Nueva York y, más adelante, directora escolar en Jackson Heights, Queens. Ahí pudo diseñar lo que ella llama su "escuela soñada", un lugar en el que estableció programas duales de lengua y programas bilingües en español de enriquecimiento para que, en sus propias palabras, "todos los alumnos y familias tuvieran acceso al programa de enseñanza que tanto deseaban".

Como antigua vicerrectora en el Departamento de Educación, Milady se encuentra al mando de la administración y creación de programas para Aprendices del Idioma Inglés. La funcionaria anima de forma constante a los padres para que luchen por su derecho a los programas bilingües de educación en las escuelas públicas. Milady confirma que para cumplir sus metas, a veces lo único que tienen que hacer es pedir las cosas:

> Los padres tienen una gran fuerza en nuestro sistema educativo. Muchos de ellos no saben que tienen la responsabilidad de hacer que las cosas sucedan en sus escuelas.[80]

Las poderosas alianzas que se forman con los educadores y los administradores como Milady, suelen comenzar con movimientos de raíces organizados por los padres y una simple petición. La cálida y receptiva bienvenida de la vicerrectora a los programas duales de lengua y a las oportunidades bilingües para los estudiantes de diversos contextos lingüísticos, y su compromiso de servir a su población de alumnos de una manera que coincidiera con sus objetivos y necesidades, son un ejemplo notable del positivo papel que pueden jugar los administradores en la Revolución Bilingüe.

Algunos ejemplos extraordinarios

En la escuela pública 133 de la Ciudad de Nueva York se encuentra uno de los innumerables programas duales de lengua en español que existen en la actualidad. Ahí, en 2012, se inauguró el primer grupo de kínder del programa dual de lengua en español e inglés. Como el mundo hispanohablante tiene una rica diversidad, los niños que participan en el programa de la escuela pública 133 pueden aprovechar la larga historia y la relación entre la comunidad hispana y su ciudad. El programa tiene un modelo 50/50 como base, es decir, la mitad de los alumnos habla inglés y la otra mitad habla español. Asimismo, la mitad de la enseñanza cotidiana de todas las materias se da en inglés y la otra mitad en español. El año pasado la rectora del Departamento de Educación, Carmen Fariña, designó a la escuela pública 133 y a otras catorce escuelas más de la Ciudad de Nueva York, como Escuela con Programa Dual de Lengua Modelo.[81]

La Amistad Dual Language School fue fundada por un grupo de maestros y padres liderados por Elia Castro, una educadora bilingüe. El grupo también contó con el apoyo de Lydia Bassett, antigua directora de W. Hayward Burns School, y de New Visions for Public Schools, una organización sin fines de lucro que trabaja para revitalizar y mejorar las escuelas públicas de la Ciudad de Nueva York. Amistad se inauguró en el norte de Manhattan en 1996 y les ofrece a los estudiantes de Washington Heights, Hamilton Heights e Inwood, un plan de estudios con programa dual de lengua en inglés y español para alumnos que dominan la primera o la segunda lengua.

El principio subyacente de la enseñanza en Amistad es que los niños adquieren una segunda lengua de la misma manera que adquirieron la primera. Los maestros usan muchas estrategias del sistema de Inglés como Segunda Lengua (ESL, por sus siglas en inglés) para enseñar Español como Segunda Lengua, las cuales han demostrado ser efectivas independientemente de la lengua materna del niño. La escuela se apega a un enfoque de enseñanza multidisciplinario y ofrece un amplio programa en música, danza, artes visuales y teatro, además de las tradicionales materias académicas estándar que se imparten. A través de una estrategia de aprendizaje empírica basada en proyectos, Amistad nutre la creatividad y cultiva la curiosidad intelectual en sus alumnos, y al mismo tiempo logra que alcancen el dominio de la lengua y un alto nivel de éxito académico. La misión de la escuela encarna este enfoque único en la educación dual de lengua:

> Amistad Dual Language School es una comunidad de individuos deseosos de aprender que reconoce el camino único de cada individuo. Juntos fomentamos la noción de la responsabilidad comunitaria y la solidaridad a través de la celebración de la cultura,

la lengua y la diversidad. Nuestros niños progresarán y estarán listos para enfrentar las exigencias académicas y sociales de la comunidad en el exterior, y llevarán con ellos la magia del descubrimiento y la fuerza de dos lenguas. Nuestra política de asignación de idioma varía por grado para adecuarse a la adquisición conversacional y academia de la lengua. [82]

Great Schools, una fuente en línea a nivel nacional que ofrece información y calificaciones del desempeño de las escuelas, le otorgó una calificación de cinco estrellas a Amistad. La trayectoria récord de éxito de la escuela en relación a la graduación de estudiantes bilingües es la razón principal por la que les interesa a tantas familias. De acuerdo con Miriam Pedraja, antigua directora de la escuela Amistad, para el tercer grado aproximadamente, setenta por ciento de los estudiantes que se inscribieron en el kínder y cuya lengua dominante era el español, ya dominaba el inglés y el español al mismo nivel. [83]

La escuela Cypress Hills Community de Brooklyn tiene una estrategia diferente. Ofrece un programa dual de lengua híbrido tanto en la escuela como en un ambiente de centro comunitario. En 1997 varios padres y Cypress Hills Local Development Corporation fundaron la escuela con el apoyo de New Visions for Public Schools. El rasgo característico de la institución es el fuerte liderazgo de los padres, como lo evidencia el hecho de que Maria Jaya, madre de la comunidad, actualmente funja como codirectora. Maria recuerda cómo ella y otros padres lucharon por la educación de sus hijos:

> La revolución inició hace treinta años, pero sólo se pudo abrir el programa [original] diez años después. Nuestros niños estaban en un mal llamado programa "bilingüe", pero estas iniciativas no estaban bien diseñadas ni preparadas. Algunos maestros no tenían la certificación adecuada. A los padres no se les entregaba la información correcta. La forma en que yo inscribía a los estudiantes para el programa bilingüe no se basaba en sus necesidades, sino en si su apellido sonaba latino. Las reuniones de padres se llevaban a cabo en inglés, así que solicitamos un traductor. Finalmente empezaron a traducir, pero enviaron a quienes necesitaban la traducción a un rincón del salón. Esto le confería una enorme responsabilidad al traductor, y los padres batallaban para dar

retroalimentación porque estaban marginados en un rincón. Esa fue nuestra primera batalla: queríamos participar y queríamos ser parte de la educación de nuestros hijos, pero no teníamos una oportunidad igualitaria para hacerlo. Poco después los maestros notaron que este grupo de padres realmente quería cambiar la situación y empezaron a darnos información.[84]

La historia de Cypress Hills es un eco de las luchas que la educación bilingüe en español enfrentó en toda la Ciudad de Nueva York mientras los padres abogaban por programas duales que empoderaran a sus comunidades en ambas lenguas. Se necesitó de mucha persistencia y valor para exigir los servicios y programas que querían y merecían, en especial porque antes pasaron muchos años en los que la oferta de programas no satisfizo las expectativas de la comunidad hispanohablante.

No obstante, los obstáculos que enfrentó Cypress Hills no se limitaron a las aulas o a las reuniones de padres. A lo largo de sus primeros trece años de existencia, Cypress Hills Community School operó en el interior de los edificios de otra escuela y no tuvo un campus permanente. No tenía acceso a un gimnasio, no contaba con su propia biblioteca ni auditorio, y tenía un importante problema de sobrepoblación en los salones de clase. En 2010 la escuela se mudó a un edificio recién construido, resultado de años de una labor increíblemente ardua por parte de los padres, los alumnos y la comunidad de Cypress Hill, y del trabajo de propugnación que llevaron a cabo los funcionarios elegidos. Al final, el apoyo del Consejo de la Ciudad, del Departamento de Educación y de la Autoridad de Construcción Escolar, fue fundamental para la creación de un espacio que reflejara la contribución de alumnos, padres y maestros. La escuela es resultado de un verdadero compromiso y de esfuerzos infatigables, y ahora cuenta con aulas apropiadas para los programas, minuciosamente diseñadas y equipadas con tecnología actualizada, un invernadero, laboratorio de ciencias, una biblioteca de buen tamaño y bien surtida, espacios dedicados a las artes, una cafetería tipo café boutique, y un gimnasio multiusos.[85]

La escuela continúa floreciendo y ofreciendo oportunidades educativas para el enriquecimiento bilingüe a través de distintos frentes. El Cypress Hills Learning Center ofrece un día escolar extendido en la semana para proveer enriquecimiento innovador y enseñanza diferenciada en las áreas de arte, danza, música, deportes, resolución de conflictos y apoyo académico.

La escuela también colabora con organizaciones como Young Audiences New York y Brooklyn Queens Conservatory of Music. Los programas y las iniciativas de la institución son un modelo ejemplar para otros interesados en diseñar sus propios programas bilingües de enriquecimiento.

Estos programas duales de lengua en español sirven como fuente de inspiración para que los futuros pioneros de la educación bilingüe vayan más allá de los límites y produzcan oportunidades para que los niños en sus comunidades se vuelvan bilingües o conserven su bilingüismo. Desde su creación, los programas han forjado el camino para las iniciativas bilingües en Estados Unidos y han permanecido de manera constante al frente de la evolución y el progreso de la educación bilingüe. Sin la determinación, el compromiso y la inspiración de los padres y educadores pioneros que lucharon por su derecho a desarrollar programas bilingües para la educación integral del niño, la Revolución Bilingüe no existiría ahora.

CAPÍTULO 10

Estudiantes de alto nivel: High School for Dual Language & Asian Studies

Mientras los padres y los educadores se mueven apresuradamente en busca de maneras de mejorar sus escuelas, satisfacer las necesidades de los alumnos y luchar contra una cultura educativa impulsada por las calificaciones, muchos en este ámbito tal vez se pregunten cómo lucirá el camino correcto. Con frecuencia, los programas duales de lengua crecen de manera orgánica y sin mucha uniformidad. Básicamente, con la formación de cada programa nuevo, "se reinventa la rueda". Una vez que se sabe esto, resulta esencial promover la compartición del conocimiento, fijar estándares, proveer fuentes y materiales para planes de estudio, y asegurarse de enseñar prácticas consistentes con las de los programas duales exitosos. Para dar continuidad a la Revolución Bilingüe y dejar atrás la abrumadora carga de trabajo que se presenta de forma inherente con la implementación de nuevos tipos de ofertas educativas, es igualmente importante aprender de las escuelas pioneras que ya desarrollaron sus propias fuentes y que forjaron el camino al éxito.

Un modelo ejemplar

La Preparatoria de Educación Dual de Lengua y Estudios Asiáticos (High School for Dual Language & Asian Studies) destaca como un ejemplo del que se puede aprender mucho. Fue fundada en 2003 y es una institución altamente competitiva con una población estudiantil de hablantes nativos del inglés y hablantes nativos del mandarín. Se ubica en el centro de Manhattan, en el quinto piso de un viejo edificio escolar y atiende a más de cuatrocientos estudiantes provenientes de familias que hablan inglés, español, bengalí y una combinación de dialectos chinos que incluye mandarín, cantonés, taosonés, fuzhonés, shanganés y wenzounés. La preparatoria ha demostrado de forma consistente su excelencia en el inglés y las matemáticas, entre otras materias. A pesar de su relativamente alta proporción de jóvenes en desventaja económica, la institución sigue colocándose a un nivel competitivo en las clasificaciones nacionales y estatales, de acuerdo con la evaluación del desempeño de sus alumnos en los exámenes obligatorios del estado y su nivel de preparación y presteza para entrar a la universidad.[86] Tal como lo define su misión, la preparatoria está:

> Dedicada a ofrecer enseñanza de calidad y asesoramiento para promover el desarrollo académico y social de nuestros alumnos, así como su capacidad lingüística, apreciación cultural y conciencia internacional y global.[87]

Lo más importante es que, dado que la mayoría de los programas duales de lengua en Estados Unidos terminan abruptamente después del quinto grado, el hecho de que esta sea una de las pocas preparatorias públicas en el país que continúan ofreciendo el programa, la coloca en un lugar muy especial.

La Preparatoria de Educación Dual de Lengua y Estudios Asiáticos está entre las escuelas presentadas en "Schools to Learn From", un notable estudio realizado por la Universidad de Stanford con el apoyo de Carnegie Corporation of New York. En este caso práctico, los autores hicieron un análisis profundo del programa dual de lengua para entender por qué esta escuela en particular tuvo un éxito excepcional al preparar a sus alumnos para la universidad y para sus futuras carreras. En las entrevistas con los estudiantes, los padres y los educadores de la escuela, los investigadores destacaron el "implacable compromiso de servir a los estudiantes y enfocarse en sus fortalezas y necesidades" que mostraba la comunidad escolar."[88]

Los elogios de estos autores le otorgan legitimidad al inalterable esfuerzo de la comunidad escolar para establecerse como una fuerza a la que se le debe tomar en cuenta en el ámbito de la educación bilingüe. La incansable ética laboral y el empuje constante de la institución para lograr el éxito, la han impulsado hacia el escenario nacional e internacional, lo cual es testimonio de su esfuerzo.

El nacimiento de un programa único

Ron Woo, profesor de legislación educativa y asesor de programas del Centro Metropolitano para la Investigación de la Equidad y la Transformación de las Escuelas de la Universidad de Nueva York (NYU Metropolitan Center for Research on Equity and the Transformation of Schools), encabezó el desarrollo de la Preparatoria de Educación Dual de Lengua y Estudios Asiáticos bajo el liderazgo del entonces rector del Departamento de Educación, Joel Klein. Ron recuerda:

> En 2003 el rector me pidió que le ayudara a diseñar un programa innovador. Sugerí una preparatoria con enseñanza dual de lengua en la antigua preparatoria Seward Park, una escuela que no estaba teniendo buen desempeño. Eso fue al principio de la administración Bloomberg, cuando cerraban las escuelas con este problema. Lo que sucedía era que habían hecho escuelas pequeñas y olvidaron crear una para la gran cantidad de inmigrantes chinos que había en Seward Park. Nos reunimos y dijimos: "¿Por qué no tratamos de hacer un programa dual de lengua en chino? Sería atractivo para la población inmigrante y también habría otras personas que querrían venir a aprender chino como idioma extranjero.[89]

La propuesta escolar para los estudiantes inmigrantes chinos recibió todo el apoyo del rector y fue la primera de su tipo en el país. El equipo fundador tuvo la tarea de identificar recursos para la creación de la escuela y se reunió con la gente de China Institute of America [90] y de Asia Society [91] en la Ciudad de Nueva York, instituciones que ayudaron con el desarrollo del plan de estudios. El equipo también reclutó a Li Yan, actual director, quien transformó el plan del concepto en lo que ahora es la Preparatoria de Educación Dual de Lengua y Estudios Asiáticos.

La escuela está a la cabeza del ámbito de la educación dual de lengua a nivel secundario. Este tipo de escuelas ofrecen un plan de estudios que preparan a los alumnos para la universidad y proveen una continuidad profundamente necesaria para los programas duales de lengua existentes en las escuelas primarias e intermedias o secundarias. La Preparatoria de Educación Dual de Lengua y Estudios Asiáticos ahora está bien establecida y tiene mucho éxito, pero pocas personas recuerdan lo difícil que fue convencer a las familias de unirse al programa cuando acababa de abrir sus puertas. El director Li Yan, recuerda:

> La gente necesita acostumbrarse a la idea de las escuelas nuevas. Los padres solían decir, "¡Tu escuela es nueva! ¿Por qué estoy enviando a mis hijos aquí? No tienes nada que mostrarme en este lugar." Tuve muchos problemas con los padres que se negaban a enviarnos a sus hijos. Los primeros tres o cuatro años fueron muy difíciles porque la gente estaba buscando resultados y yo no tenía nada que mostrarle. Era como un juego de convencimiento. Cada vez que lográbamos algo en la escuela, cada vez que progresábamos, nos asegurábamos de hacérselo saber a los padres. De hecho le pedimos a cada uno de los estudiantes que hiciera una presentación personal de su trabajo y eso nos ayudó a ganarnos a muchos padres. Cuatro años más tarde, después de que se graduó la primera generación, empezamos a construir nuestra reputación.[92]

Mirar atrás y ver lo mucho que la escuela ha avanzado, resulta revelador. Los comentarios del director Li Yan señalan un fenómeno muy importante que opera en contra del establecimiento de los programas bilingües: el miedo a lo desconocido. Este fenómeno se hace todavía más evidente a medida que los estudiantes crecen, en particular en el nivel de la preparatoria porque a las familias les preocupa cada vez más elegir la escuela que preparará a los jóvenes para el competitivo proceso de solicitud de ingreso a la universidad. No obstante, conforme se conocen más historias de éxito de las escuelas con programas duales de lengua, el miedo disminuye porque los padres se informan más sobre los muchos beneficios de la educación bilingüe. Como lo demostraron el director Yan, sus colegas, sus alumnos y las familias, la Preparatoria de Educación Dual de Lengua y Estudios Asiáticos es un éxito rotundo.

Un plan de estudios cultural y lingüístico

A diferencia de lo que sucede en otras ciudades, la selección de preparatoria en Nueva York es un proceso abierto en el que cada estudiante de secundaria puede elegir hasta doce escuelas de una lista que provee el Departamento de Educación. Para ser aceptado en la Preparatoria de

Educación Dual de Lengua y Estudios Asiáticos, no es necesario que los chicos hablen chino e inglés porque la escuela tiene dos vías: una para hablantes de inglés y otra para hablantes de chino. Debido a esto, algunos estudiantes inician su inmersión en la lengua a una edad muy avanzada. El profesor Ron Woo describe los ambiciosos objetivos del programa:

> El modelo se construyó con la noción de que serían totalmente bilingües para cuando terminaran. Quienes empezaron sin nociones de chino se pondrían al día a lo largo del período de cuatro años. Los hablantes de chino ya eran bilingües, o se pondrían al día con su inglés porque eran inmigrantes. Para cuando llegaran al segundo año podrías verlos coexistir en las mismas clases. Hay un espectro de niveles en el idioma y eso produce cierta tensión, pero al menos significa algo.[93]

Como lo señala el profesor Woo, esta ágil transición en la preparatoria del monolingüismo al bilingüismo puede ser un objetivo noble, pero a veces exigente. Brindarles a los alumnos de preparatoria la oportunidad de empezar a estudiar y adquirir fluidez en un segundo idioma en esa etapa escolar como sucede en la Preparatoria de Educación Dual de Lengua y Estudios Asiáticos, es un gran logro.

Los antecedentes educativos de los alumnos que hablan chino y de los que hablan inglés varían mucho en la escuela. Algunos hablantes de chino nacieron en China y asistieron a la primaria y la secundaria antes de mudarse a Estados Unidos para completar su educación a nivel preparatoria. Otros nacieron en Estados Unidos, se reubicaron en China durante su niñez y luego regresaron para terminar los estudios a nivel superior. Los estudiantes competentes en el inglés tienen antecedentes lingüísticos y habilidades en chino variables, y algunos de ellos fueron Aprendices del Idioma Inglés anteriormente. La preparatoria atiende a jóvenes cuya lengua principal es el inglés y no tienen dominio del chino antes de llegar a la escuela. Los integrantes de este grupo se sienten atraídos al programa porque tienen interés en la lengua y la cultura chinas, así como en el enfoque de la escuela en el dominio de la lectoescritura en los dos idiomas.

La Preparatoria de Educación Dual de Lengua y Estudios Asiáticos les ofrece a sus alumnos un plan de estudios multifacético. Además de las otras materias, todos los estudiantes deben tomar cuatro años de mandarín, ya sea como una clase de arte en la lengua materna o de chino como segundo idioma. Los anglohablantes nativos asisten a un doble período de chino todos los días para garantizar que estarán preparados para aprobar los exámenes Chinese Regents and Advanced Placement (AP), además de otros cinco exámenes que necesitan aprobar para calificar para el diploma New York State Regents con honores. Los maestros trabajan en conjunto con los consejeros y con padres coordinadores para apoyar a los alumnos que necesitan ayuda.

La mayoría de los jóvenes de la preparatoria vienen de familias inmigrantes recién llegadas que llevan en Estados Unidos menos de diez años. Estos estudiantes requieren servicios adicionales para poder enfrentar las barreras idiomáticas y los desafíos que representa adaptarse a una nueva cultura. Sólo así, se asegurará su éxito académico. Para ayudarlos, a ellos y a sus familias, a superar estos obstáculos, todo el material escrito se entrega en inglés, chino, bengalí y español. Los miembros del personal también van más allá de lo que les corresponde cuando es necesario, ya que el director, la secretaria, el consejero y varios maestros son bilingües y están en posición de traducir cualquier material de la escuela que no esté en ambos idiomas.

La escuela también provee una experiencia enriquecida de la preparatoria y hace énfasis en un riguroso plan de estudios académico para los alumnos con distintos antecedentes culturales y socioeconómicos tanto en inglés como en chino. Thalia Baeza Milan, una estudiante que cursa actualmente el tercer año, ya hablaba inglés y español cuando llegó a Estados Unidos de Guyana hace tres años, y estaba ansiosa por aprovechar la oportunidad que ofrece la preparatoria para aprender chino. Thalia describe su tiempo en la escuela de la siguiente manera:

> La experiencia me ayudó a apreciar las distintas culturas y a trabajar para vencer las dificultades, como cuando mezclaba las palabras "pollo frito" y "acróbata". Conozco los pasos que hay que dar para superar los desafíos y para sentirme cómoda en un ambiente en el que nunca he estado antes. Eso me será de mucha ayuda en el futuro.[94]

En su comentario Thalia señala la positiva "lucha" que implica adquirir un idioma, lucha que muchos niños bilingües han aprendido a apreciar y valorar. Aunque este proceso puede ser desafiante y divertido en ocasiones, como lo ilustra ella con el ejemplo de su confusión de palabras, también propicia un aprendizaje más profundo, estimula un involucramiento auténtico y destaca los distintos bloques de construcción de la comprensión que se pueden aplicar a muchas habilidades en la vida.

Asimismo, aunque la escuela les presenta a los alumnos una variedad de culturas asiáticas, se enfoca en China. Cuando no están comprometidos con el riguroso programa académico, pueden participar en clubes que van de áreas como cine y ciencias informáticas, a deportes universitarios como bádminton y lucha. Para prepararlos para la universidad, a los alumnos se les brinda una gran cantidad de oportunidades de obtener créditos, hacer visitas a los campus y competir por becas.

Algunos alumnos incluso participan en un programa de escuela sabatina en la preparatoria, el cual se aprovecha para trabajar en habilidades de enseñanza. El programa incluye educación física y clases adicionales de inglés como Segundo Idioma, y con él se atiende a aproximadamente ciento cincuenta niños a la semana.[95] El programa también les permite a los estudiantes contar con un espacio comunitario para terminar sus tareas o proyectos, ya que es posible que algunos no cuenten con el lugar o el ambiente adecuado para trabajar de forma productiva en casa. Este enfoque ha demostrado ser muy eficaz para incrementar el desempeño académico y el involucramiento general de los estudiantes con la escuela.

Impacto a largo plazo

Para la Revolución Bilingüe, de manera general, la historia de la Preparatoria de Educación Dual de Lengua y Estudios Asiáticos resulta esclarecedora. Imagina el mundo de oportunidades que podrían surgir si las preparatorias con programas duales de lengua le dieran continuidad a los logros de los programas duales de las primarias y secundarias que atienden a poblaciones de estudiantes completamente bilingües. Para estos programas a nivel preparatoria, el cielo es el límite, y la Preparatoria de Educación Dual de Lengua y Estudios Asiáticos apenas va comenzando.

No existe ninguna razón para que la Revolución Bilingüe llegue a su fin en el nivel primaria. De hecho, al acoger los programas duales de lengua en el nivel secundaria, les brindamos a nuestros niños la oportunidad de llegar a ser individuos multilingües de gran éxito, preparados para entrar a ámbitos académicos y profesionales con las herramientas que necesitan para triunfar. La de la Preparatoria de Educación Dual de Lengua y Estudios

Asiáticos es una historia de éxito sin paralelo que puede reproducirse en preparatorias de todo el país y el mundo. La Revolución Bilingüe tiene el poder de tocar la vida de los niños hasta la adolescencia, hasta que se convierten en jóvenes adultos, y más allá. De nosotros depende ofrecerles la oportunidad de triunfar.

CAPÍTULO 11

El plan para diseñar tu propio programa dual de lengua

E n el siguiente capítulo se presenta un plan para los padres interesados en iniciar un programa dual de lengua en una escuela pública. El tema central de dicho plan y de este libro es que los padres pueden marcar la diferencia en sus comunidades al iniciar programas de este tipo sin importar dónde estén ubicados. Los programas tienen la capacidad de mejorar escuelas y empoderar comunidades en formas inusitadas gracias al esfuerzo de los grupos de padres. La información que se presenta en las siguientes páginas ayudará a los padres a organizarse, a redactar una propuesta sólida e inspirar a otros a unirse a sus iniciativas en el camino.

El plan es un camino sugerido que tanto los padres como los educadores pueden usar como guía. Detalla cómo organizar sesiones de información, formar grupos de voluntarios, preparar una lógica convincente para los directores y maestros, desarrollar estrategias para sondear a la comunidad, identificar familias que podrían estar interesadas en inscribir a sus niños en el programa dual de lengua, y trabajar de una forma eficiente con todos los interesados para aterrizar el proyecto. En el apéndice se puede encontrar un plan sintetizado que también puede ser descargado del sitio de Internet oficial del libro.[96] Las sugerencias y estrategias que aquí se ofrecen no son de ninguna manera exhaustivas, ya que es imposible tomar en cuenta todas las diferencias que separan a los distritos escolares y las comunidades lingüísticas. Por esta razón, exhortamos a los padres a crear su propio plan y a hacer los ajustes necesarios para que coincidan con las necesidades de su comunidad. El plan original que inspiró este libro fue escrito por padres y para padres hace casi diez años, y el objetivo era compartir su exitoso proceso con la esperanza de que otros lo siguieran e implementaran sus propios programas duales de lengua en escuelas públicas.[97] En los casos prácticos que se presentan en el libro aparecen muchos grupos de padres e iniciativas inspirados por el plan original.

El plan se divide en tres fases. La Fase Uno presenta maneras de crear un grupo central de familias interesadas (una base familiar) a través del encuentro con la comunidad y de la organización de comités; la Fase Dos comparte estrategias para desarrollar una lógica sólida para un programa dual de lengua y para presentarla a una escuela viable; y la Fase Tres se enfoca en la implementación y el planeamiento de un programa dual de lengua para que tenga éxito desde el primer día de clases.

Fase Uno: Encuentro con la comunidad

La creación de una base de familias interesadas

El primer paso en el proceso de la creación de un programa dual de lengua consiste en formar una base de familias interesadas. Dado que la base de este proyecto es la guía de los padres, resulta fundamental que desarrolles un grupo sólido de familias que considerarán seriamente inscribir a sus hijos en un programa dual de lengua, pero que también apoyarán la iniciativa a lo largo de todos los altibajos que implica dar inicio a cualquier esfuerzo educativo. Para formar esta base, a partir de ahora puedes considerarte un empresario apasionado por el multilingüismo, comprometido con la educación pública y dispuesto a ponerte en contacto con docenas, si no es que cientos de individuos de tu comunidad.

Si estás echando a andar este proyecto y ya tienes en mente un idioma objetivo, tu siguiente paso será encontrar padres que compartan este interés contigo. Puedes empezar formando un grupo base de padres a los que conozcas y en quienes confíes. Estos padres participarán en tu visión compartida, incluso si no tienen niños que puedan beneficiarse con la iniciativa. Un buen ejemplo de la eficacia de un "grupo base" es la iniciativa del Programa dual de lengua en japonés presentada en el Capítulo Dos. Esta iniciativa ilustra la importancia del compromiso y de la experiencia de los padres.

Las familias que siguen este plan por lo general esperan que el programa funcione de prekínder o kínder hasta el quinto grado, pero este período variará dependiendo de los recursos de tu escuela, así como de la forma en que están organizados los niveles en tu distrito escolar. Algunos padres tienen objetivos a largo plazo y tratan de planear la continuación de su iniciativa hasta la escuela secundaria, e incluso hasta la preparatoria. Ciertamente, es importante sentir que los programas tienen potencial de crecimiento y que podrán expandirse de forma natural hacia la secundaria y la preparatoria como lo demostraron los programas en español, chino y francés que se presentaron con anterioridad.

Si al iniciar tu proyecto todavía no tienes un idioma objetivo en mente, pero estás interesado en la educación dual de la lengua como una manera de educar a tus hijos, es preferible que investigues acerca del patrimonio lingüístico de tu comunidad para evaluar el apoyo que podrías recibir. Será esencial que disciernas los matices culturales con los que una comunidad específica juzgará tu propuesta, pero identificar socios y emprendedores educativos en el interior de la cultura objetivo también facilitará tu proyecto porque te permitirá presentarlo de una forma que, en general, es más accesible para la comunidad o que esta sencillamente prefiere. La iniciativa japonesa que se describe en el Capítulo Dos, por ejemplo, dependía de las cinco madres; dos eran japonesas y funcionaron como agentes de enlace con la comunidad nipona. Su comprensión de las normas culturales y las costumbres de la comunidad en la que estaban tratando de reclutar a las familias les ayudó a hacer importantes elecciones estratégicas. Esto fue particularmente delicado en el caso de los administradores culturales y otros miembros de la iniciativa que no hablaban japonés o no tenían un conocimiento profundo de la cultura.

El grupo japonés entendió que cuando presentas un programa y ofreces un servicio, hay una verdadera necesidad de entendimiento bicultural. Las madres se comunicaron en japonés y en inglés con las familias interesadas. Se tomaron el tiempo necesario para explicar el sistema educativo estadounidense y sus ventajas para los padres japoneses recién llegados, así como las similitudes y las diferencias con el sistema educativo en Japón. Durante todos sus encuentros trataron de contestar las preguntas de una manera abierta y honesta. El hecho de que el grupo fuera capaz de consultar a todos e incluir sus puntos de vista en la discusión habla de su determinación en ser inclusivas y respetuosas con los orígenes culturales de todos los miembros. En este caso en particular, la sensibilidad cultural fue esencial para el éxito de las fases de reclutamiento e implementación del proyecto.

Como padre también puedes acercarte a tu propia comunidad a través de un anuncio público en el que indiques que estás buscando gente interesada en ayudarte a establecer un programa dual en una lengua específica. El anuncio lo puedes hacer a través de redes sociales, blogs comunitarios, anuncios en lugares públicos o de boca en boca. Basar tu iniciativa en una comunidad lingüística específica tiene varias ventajas. Es posible que ya exista un grupo nutrido de padres interesados, y también es factible que dentro de los límites de tu distrito escolar ya haya una red de negocios, centros religiosos y centros comunitarios, así como niños que sean hablantes nativos de otra lengua. Ese fue el caso de los programas duales en lengua árabe, polaca e italiana presentados en los capítulos anteriores.

Una vez que tu grupo haya reunido suficientes voluntarios podrás empezar a organizar comités para repartir las distintas tareas. Puedes organizar varios comités, como un comité de encuentro y comunicación con la comunidad; un comité para la búsqueda de escuela; y un comité de apoyo para el plan de estudios. Dependiendo de las necesidades urgentes de la iniciativa, también es posible crear e incluir comités adicionales en varias etapas del proceso. Por ejemplo, quizá se necesite un comité de reclutamiento de maestros; un comité para recaudación de fondos; o uno para el programa después de clases, por nombrar algunos cuantos. Una vez más, te reitero que estas son sólo sugerencias y que tú deberás ajustar este modelo a tu realidad local y al número de personas interesadas en esta iniciativa.

Recolección de datos

Tu comité de encuentro y comunicación con la comunidad deberá enfocarse en identificar a los posibles estudiantes y en reunir información de la familia. Esto te ayudará a difundir la noticia de tu iniciativa para que una cantidad considerable de gente se entere y decida inscribir a sus hijos como posibles candidatos para el programa. Deberás tratar de recolectar la información relacionada con:

- Número de familias interesadas en el programa.
- Idiomas hablados en casa e idiomas que los niños entienden.
- Fechas de nacimiento de los niños y fecha probable de ingreso a la primaria.
- Distrito o zona escolar de la familia.

Estos primeros pasos son esenciales para identificar a los candidatos. La información también te ayudará a determinar si el programa dual de lengua que apoyarás será de una vía (los hablantes nativos de un idioma reciben enseñanza en otro idioma) o de dos vías (hay hablantes nativos de ambos idiomas en el salón de clases, y generalmente en la misma proporción). Esta decisión se basará en la cantidad de hablantes nativos que logres que se inscriban.

Es imperativo que identifiques suficientes estudiantes para que se forme el grupo inicial, y para definir la cifra que será tu meta necesitarás verificar varias cosas. En primer lugar, tienes que averiguar:

- Número promedio de niños inscritos en un grado de ingreso en tu distrito escolar ya que esta cifra puede variar de un lugar a otro, e incluso de un grado a otro. Es posible, por ejemplo, que haya una diferencia en el tamaño de un grupo entre prekínder y kínder, entre grupos en primaria y grupos en secundaria (secundaria, preparatoria, etcétera).
- También deberás revisar la orden bajo la que opera un distrito en lo referente a hablantes no nativos de la lengua nacional u oficial. En el caso de la Ciudad de Nueva York[98] y del Estado de Nueva York, la ley exige que las escuelas ofrezcan un programa dual de lengua o un programa bilingüe de transición si en el distrito hay por lo menos veinte niños cuya lengua materna o lengua del hogar no sea el inglés.[99] Luego se cataloga a los alumnos en Aprendices del Idioma Inglés (English Language Learners o ELLs); o en Inglés como Lengua Nueva (English as a New Language o ENLs).

Si tu distrito escolar opera bajo órdenes o mandatos similares que puedan darle apoyo adicional a tu iniciativa, con tu investigación necesitarás:

- Determinar el número de niños por distrito o zona escolar considerados hablantes no nativos o Aprendices de Inglés (o de la lengua oficial). Estos niños necesitarán hablar la misma lengua materna para poder estar en el mismo salón del programa dual.
- Determinar el número de niños, por distrito o zona escolar, considerados bilingües (en este caso, niños que ya saben, a varios niveles, tanto inglés como la lengua objetivo).

- Determinar el número de niños, por distrito o zona escolar, considerados hablantes nativos de la lengua nacional u oficial (en este caso el inglés), que no tengan conocimientos del idioma objetivo, pero cuyas familias estén comprometidas con la educación dual de lengua en el idioma objetivo que ya fijaste.

Esta información te ayudará a explicar la manera en que tu programa dual de lengua satisfará distintas necesidades. Hacer esto también podría ayudarte a garantizar financiamiento adicional de agencias estatales u organizaciones filantrópicas, en especial de las que apoyan a los Aprendices del Idioma Inglés. Las estadísticas también pueden ser excelentes herramientas para armar una lógica que convencerá a los directores de la necesidad de abrir el programa.

Identificar a las familias

Con frecuencia, las inscripciones potenciales comenzarán con una base grande, pero para el día de la inauguración ya sólo habrá un grupo pequeño. Para tu iniciativa especifica es recomendable que reclutes más estudiantes de los necesarios para abrir un programa bilingüe en tus escuelas locales porque, aunque algunos directores podrían tener cierto grado de flexibilidad en cuanto a cuál debería ser el número mínimo de estudiantes, las escuelas normalmente tienen una cifra fija para que un programa sea viable. Si tienes estudiantes potenciales de sobra, podrás demostrarle al director, superintendente o consejo escolar, que hay un grupo suficientemente grande para el programa. Esta estrategia también compensará la pérdida de familias que al principio mostraron interés pero luego decidieron salirse del programa, que se mudaron a otro distrito o que cambiaron de escuela.

Es muy probable que recibas información de niños interesados que tengan distintas fechas de nacimiento, e incluso de niños que todavía no hayan nacido, y en ese caso necesitarás prepararte para ingresar los datos a una hoja de cálculo y basar tu estrategia en el número de candidatos por año. Con frecuencia, los calendarios escolares y las fechas límite para entregar solicitudes dictarán el tiempo y la estrategia que necesitarás usar para establecer tu iniciativa de forma exitosa.

Hay muchas maneras de encontrar, identificar y reclutar familias interesadas. Puedes hacerlo a través de un anuncio, una carta, volantes o un poster que distribuyas cuando vayas a reuniones o hagas presentaciones.[100] Es fundamental que tomes en cuenta que iniciar un nuevo programa dual de lengua en tu distrito es un proceso largo. Deberías tratar de identificar a las familias con niños suficientemente pequeños para ser candidatos del programa cuando este en verdad comience. En algunos casos este proceso de identificación deberá hacerse hasta uno o dos años antes de lanzar el programa. En los capítulos anteriores ya se mencionaron los casos en los que por alguna razón los padres fundadores no pudieron inscribir a sus hijos a pesar de haber trabajado arduamente, pero cabe decir que esta es una realidad muy desafortunada, en especial cuando trabajas con poco tiempo antes de que se cumplan las fechas límite.

Como la mayoría de los programas bilingües de las escuelas públicas en Estados Unidos empiezan en prekínder, cuando los niños tienen cuatro años, o en kínder, cuando ya tienen cinco, identificarlos implicará contactar, entre muchos otros lugares: preescolares, guarderías, escuelas privadas, escuelas de idiomas, centros culturales, instituciones religiosas, asociaciones de padres, programas Head-Start y agencias urbanas locales que apoyan a familias.[101] También puedes entablar conversaciones con otros padres en las áreas de juegos de los parques locales, en tiendas, supermercados y escuelas en las que las familias podrían estar buscando opciones para los hermanitos menores. Identificar a las familias en potencia que ya están en una escuela también significa que podrían tener contacto con el director o el padre coordinador y que pueden darte información valiosa sobre la administración escolar.

Muchos de los iniciadores de los programas que fueron entrevistados para este libro mostraron ser sumamente creativos. Algunos se ponían prendas, sombreros o insignias que despertaban la curiosidad de otros padres. Crearon páginas de internet y usaron las redes sociales para reunir formas de inscripción y para difundir la información y las actualizaciones de la iniciativa. Se acercaron a los periódicos locales, blogs comunitarios y blogs de padres para que las familias ajenas a su círculo íntimo se enteraran del proyecto. Les informaron a los dueños de negocios locales y pegaron carteles ahí, en especial si identificaban los negocios como una ubicación base de hablantes o defensores del idioma objetivo o de algún grupo cultural. Algunos de los iniciadores del Programa dual de lengua en francés, por ejemplo, pegaron volantes en los parques infantiles y en tiendas donde sabían que habría hablantes del francés. También visitaron iglesias con poblaciones francófonas importantes y si escuchaban a gente hablando en francés en la calle o en el metro, se acercaban a ella. Fueron a todos los medios de comunicación en francés que pudieron y llamaron a programas de radio francófonos. Crearon una dirección de correo electrónico para centralizar la correspondencia y respondieron a cientos de preguntas de padres. Invirtieron horas y más horas de su tiempo en la iniciativa, asesoraron a otros sobre temas como el proceso de inscripción de la escuela o la diferencia entre iniciar en un kínder y un prekínder, entre muchos otros. La labor de estos padres fue notable y merecen que los felicitemos porque sus acciones le sirvieron a mucha gente más que sólo a ellos y se extenderán más allá de su círculo familiar y de amigos durante muchos años. Estos iniciadores de programas duales de lengua fueron verdaderos agentes de cambio.

El enlace y encuentro con la comunidad

Una de las tareas más importantes que se deben llevar a cabo en una etapa temprana de la iniciativa es la creación de una base de respaldo en la comunidad, la cual podría incluir a individuos influyentes, funcionarios elegidos y organizaciones de apoyo. Esto implica asistir a reuniones comunitarias e informarle al público sobre la iniciativa. Las personalidades influyentes locales a las que deberás contactar y conocer pueden variar de un lugar a otro, pero no debes subestimar jamás el apoyo que podrías recibir de ellos. Tal vez te resulte útil e informativo hacer una cita con funcionarios escolares (incluyendo los del Departamento de Educación, la Superintendencia del Distrito, la Oficina de Estudiantes de Lengua, etcétera). Los funcionarios seguramente tendrán preguntas, y es imperativo que tú estés preparado para responderlas. Si quieren averiguar más sobre el presupuesto local o reunir algo de apoyo político, los padres pueden reunirse con los funcionarios antes de hablar con los directores. No obstante, también es importante incluir a los directores en estos encuentros y evaluar la forma en que entienden la educación dual de lengua. Esto será particularmente importante después de que hayas recolectado suficiente información para convencer a un director de que es necesario abrir un programa dual de lengua en su distrito. En la siguiente sección hablaremos con más detalle de los argumentos que podrían convencerlos.

Tal vez te resulte muy útil intercambiar información con las asociaciones de padres, padres coordinadores y maestros porque ellos pueden compartir contigo información valiosa sobre el clima escolar y la apertura a nuevas ideas. Acercarse a los consejos de educación de la comunidad, juntas escolares, consejos comunitarios y a miembros de consejos locales también es importante porque te pueden ayudar a impulsar tu iniciativa y a superar las dificultades burocráticas o colaborar contigo cuando te topes con un obstáculo en el camino. Tu comité de encuentro con la comunidad también puede organizar pequeñas reuniones en casa o en espacios públicos como cafeterías, restaurantes o panaderías locales para que expliques tus ideas, midas el interés o reclutes a familias en potencia. En el caso de una reunión de este tipo, puedes invitar a uno o a todos los interesados mencionados anteriormente para que den un discurso o hagan comentarios.

Por último, debes saber que la lengua que elegiste para tu programa dual está conectada a una red más grande de partidarios nacionales e internacionales que también te pueden proporcionar fuentes importantes y asistencia. Esta red incluye embajadas, consulados, cónsules honorarios, centros culturales que atienden a una lengua o un país, fundaciones enfocadas en la educación o en el desarrollo de las comunidades, oficinas de turismo, cámaras de comercio internacionales o estadounidenses que atiendan negocios desde dos o más países, así como sociedades y federaciones culturales y de patrimonio. Dichas organizaciones pueden convertirse en socios importantes que con frecuencia evaluarán tu visión e impulsarán tu proyecto porque verán el potencial de generar emprendimientos fructíferos y abrir nuevos mercados para ellos.

Apoyo para el plan de estudios

Tu comité de apoyo para el plan de estudios puede brindarte asistencia en varias etapas del proceso. En primer lugar, puede enfocarse en recopilar y compartir información sobre los muchos beneficios cognitivos, académicos, personales y profesionales de la educación dual de lengua a través de sesiones de información con los padres de la comunidad. También puede organizar visitas de campo para conocer los programas duales existentes, determinar las mejores prácticas y ver de primera mano cómo se maneja un programa. Las interacciones con programas ya establecidos te ofrecen una oportunidad excelente para hacer preguntas sobre la lealtad y el involucramiento de los padres en el programa, sustentabilidad, recaudación de fondos, y necesidades en cuanto a fuentes, maestros y apoyo administrativo. Con frecuencia, a los directores y los maestros de escuelas con programas duales en operación les da mucho gusto compartir sus opiniones con quienes están tratando de evaluar la posibilidad de establecer un programa similar. Aprender sobre los éxitos y los fracasos de estas escuelas te permitirá diseñar un mejor programa para tu propia iniciativa. El grupo debe verificar que cada visita sea bien documentada, y que las observaciones y la información se comparta en las reuniones del comité. Por último, el comité debería invitar y reunirse con padres que ya hayan logrado establecer un programa dual de lengua, para aprender de sus experiencias.

Fase 2: Desarrollar una lógica convincente y ubicar una escuela anfitriona

Al final de su labor colaborativa, los distintos comités deberán estar preparados para presentarle la información recolectada a un director y su comunidad escolar, pero antes de acercarte a este para presentarle tu idea, es recomendable que armes un argumento persuasivo que te ayude a convencerlo, a él o a ella, y a todos los administradores involucrados, de la importancia de tu propuesta.

Podría resultar muy difícil, por ejemplo, venderle un programa dual de lengua en francés, japonés o ruso, a una escuela que ya es muy exitosa o que tiene muchos alumnos inscritos. Por esta razón, los padres deben hacer una lista de argumentos para hablar de las ventajas de abrir un programa de este tipo en una escuela pública, en particular si dicha escuela tiene actualmente un desempeño bajo. Tal vez te sería útil basar tu argumento en los motivos personales del director mismo. Un director nuevo, por ejemplo, podría estar en busca de reconocimiento, y un programa así sería una manera concreta de dejar un legado para la escuela e incluso para la comunidad. Un programa bilingüe exitoso puede darle una buena cantidad de visibilidad positiva a una escuela, mejorar su reputación y atraer nuevas fuentes de financiamiento. Asimismo, es probable que las nuevas familias que se acerquen a la escuela por el programa estén más dispuestas a recaudar fondos para colaborar con el éxito de la iniciativa.

Hay muchos argumentos convincentes. Hay una buena cantidad de estudiantes de lengua no nativos que necesitan ser instruidos en un programa dual para poder hablar inglés. Los programas duales de lengua les ofrecen a los niños de la comunidad un regalo que les durará toda la vida: hablar una segunda lengua. Los programas también les ayudan a las familias inmigrantes de segunda o tercera generación, a salvaguardar su lengua y su patrimonio cultural, y compartirlos con sus niños. Un programa dual de lengua también continuará beneficiando a toda la comunidad escolar porque cada año llegarán nuevas familias profundamente motivadas. Estos padres traerán consigo una excelente disposición para apoyar a la escuela de muchas maneras que van desde recaudar fondos hasta facilitar actividades para toda la escuela. Las familias bilingües también pueden presentarle a la comunidad escolar actividades de enriquecimiento cultural en los ámbitos de la música, las artes y la gastronomía del mundo, y aprovecharán sus contactos para ayudar a establecer sólidos programas para después de clase, abrir mejores cafeterías, organizar excursiones y visitas gratificantes, concertar pasantías, y muchas cosas más. A veces, contar con un argumento sólido y bien construido puede ser la mejor manera de convencer a un nivel intelectual y de persuadir a los corazones.

Los programas duales de lengua pueden darle una nueva identidad a una escuela abierta recientemente o a una escuela mal aprovechada con aulas vacías. Contar con más opciones de calidad en un distrito también puede servir para mitigar los efectos negativos de la sobrepoblación en escuelas competitivas bien establecidas, ya que dichas opciones pueden atraer más familias de clase media a escuelas que por el momento se encuentran en desventaja, y porque permiten explorar las ventajas de la integración socioeconómica que los programas duales de lengua podrían desencadenar. Las iniciativas para la defensa de los patrimonios culturales pueden servir para movilizar a cientos de familias e instarlas a participar en la lucha para evitar la reducción de la población de una escuela, y también para estimular el incremento de un presupuesto escolar. En muchos distritos, cada nuevo lugar que ocupa un niño tiene un impacto directo en el incremento presupuestal. A veces, los distritos escolares o el Departamento de Educación incluso ofrecerán subvenciones para planeamiento, desarrollo de planes de estudio y para el desarrollo profesional de los maestros y el personal. La ayuda financiera y logística adicional también podría llegar a la escuela a través de socios y organizaciones que tengan un interés particular en las lenguas que se ofrecen o en las poblaciones a las que la institución atiende. Es el caso de las embajadas, los consulados, ciertos negocios y fundaciones.

Cuando consigas una cita con un director escolar deberás presentar los datos y el proyecto de una manera muy profesional. Deberás explicar que los beneficios para los niños y la comunidad son el elemento central de tu iniciativa. Ofrece documentos que muestren en detalle, por año y por zona escolar, la demografía de las familias que se inscribirían. Explica las modalidades para obtener una subvención para programas duales de lengua por parte del Departamento de Educación o de otros socios externos. Después de la reunión con el director responsable, invita a las otras figuras clave a mostrar su apoyo, en especial a los otros padres, maestros y miembros de la comunidad. Luego contacta a funcionarios gubernamentales extranjeros, funcionarios elegidos y donadores. Si sigues estos pasos, podrás armar un caso verdaderamente sólido para tu proyecto, y con eso, también te ganarás la confianza de una comunidad de padres y educadores que, trabajando en equipo, serán capaces de construir un exitoso programa dual de lengua.

Fase 3: Construir un programa dual de lengua exitoso desde el primer día

Una vez que cuentes con el apoyo del director, tú y tu grupo podrán enfocar su atención en varios aspectos importantes. Antes que nada, tendrán que asegurarse de contar con el número de familias requeridas y encontrar la forma de garantizar que inscribirán a sus niños en el programa. Si todavía hay espacios disponibles, puede ser buena idea organizar visitas a la escuela y ofrecer presentaciones durante los eventos escolares para reclutar a más familias. También deberás seguir promoviendo el programa a través de la organización de reuniones constantes de padres, y motivando a las familias a visitar las escuelas que ya cuentan con programas similares. También puedes llevar la información a tu comunidad. Invita a profesores de programas duales para que compartan sus experiencias con grupos de padres y maestros interesados. No olvides que también puedes aprovechar las visitas a otras escuelas y las interacciones que tengas con ellas para dar a conocer las mejores prácticas de los programas ya establecidos.

Una excelente manera de ayudar al director y a la administración de tu escuela, es consiguiendo los planes de actividades y los materiales que necesitarán los maestros en los primeros meses tras el lanzamiento del programa, como sería el caso de libros apropiados para las edades de los alumnos. También puedes apoyar a los maestros haciendo una investigación sobre los libros que coinciden con el plan de estudios y preparando listas de artículos que pueden adquirir la escuela o los otros padres y patrocinadores. Si te lo solicitan, tal vez necesites ayudar al director con el proceso de reclutamiento porque encontrar maestros bilingües y asistentes de enseñanza competentes y calificados, suele ser una tarea difícil. Quizá también te pidan que ayudes a traducir e interpretar durante las entrevistas, y que des tu opinión respecto a la capacidad en la lengua de los candidatos. Recuerda que ahora eres un miembro activo del equipo, y que tu entusiasmo y tu disposición a ayudar jugará un papel fundamental en la implementación y el éxito del programa.

Si ya tienes establecido un comité de recaudación de fondos, este puede empezar a organizar eventos y a redactar convocatorias para solicitar donaciones para el aula de enseñanza dual de lengua, la biblioteca y la escuela en general. Además de proveer recursos, estos fondos se pueden usar para contratar a un especialista o asesor especializado en programas duales que tenga la capacidad necesaria para entrenar a maestros y asistentes, desarrollar un plan de estudios, y obtener materiales de enseñanza de proveedores nacionales o internacionales. Por último, este grupo puede ayudar a redactar propuestas para la solicitud de subvenciones. De esta manera podrían obtenerse fondos adicionales de las agencias del distrito, estatales y federales; de fundaciones y de gobiernos extranjeros.

Contar con una visión bien articulada y clara con la que los padres se puedan identificar, te ayudará a superar los malentendidos culturales y te facilitará la tarea de invitar a las familias y las comunidades a compartir tus metas. Cuando trabajes con un líder escolar, es importante que seas claro respecto a la visión que el director y el consejo escolar podrían desarrollar porque, finalmente, el director es la persona a quien todos los involucrados responsabilizarán. Incluso si ciertos grupos o individuos no están preparados para sumarse a la iniciativa de inmediato, esta visión abarcadora podría plantar las semillas para el seguimiento que se lleve a cabo para la recaudación de fondos, el desarrollo de relaciones o la generación de asociaciones en la comunidad. Muchos de los padres entrevistados en los capítulos anteriores se dieron cuenta de que su iniciativa era una naciente *start-up* que exigiría tiempo y cuidado constante.

La estrategia básica que se acaba de sugerir fue concebida a través de las experiencias de prueba y error de los padres y los educadores. Este plan les ha funcionado a docenas de iniciativas en varias ciudades y comunidades lingüísticas que, en algunos casos, aparecen en los capítulos anteriores, y tiene el potencial de servirles a muchas más ahora que está disponible de forma impresa. El plan es una colección de lecciones aprendidas; no deja de evolucionar, todo el tiempo está siendo mejorado; por su naturaleza, varía de escuela a escuela y de comunidad a comunidad; y exige que los usuarios hagan los ajustes necesarios para hacerlo coincidir con sus contextos específicos. Fue creado por padres, para padres. Existe gracias a la profunda convicción que tienen las familias fundadoras de que, si funcionó para ellas, debe compartirse con otras familias para que más niños puedan recibir el regalo de la educación bilingüe. Si este plan llega a jugar un papel importante en tu iniciativa, comparte tu propia versión con otros. A cambio, ellos también podrían llegar a ser fundadores de programas exitosos que beneficiarán a sus niños y mejorarán sus escuelas. Este es el plan que puede impulsar la Revolución Bilingüe.

CAPÍTULO 12

Por qué la educación dual de lengua es buena para tu hijo

E ste capítulo servirá como un manual básico para los padres que estén considerando dar sus primeros pasos en el mundo de la educación dual de lengua. Les será igual de útil a los padres monolingües y a los que, gracias a su herencia o educación, ya hablan otra lengua además del inglés y desean pasarles ese regalo a sus hijos. La información aquí presentada se puede usar más adelante para desarrollar una lógica que convenza a maestros, administradores escolares y otros padres y miembros de la comunidad, de la importancia de que se imparta educación bilingüe en todas las escuelas. En este capítulo también encontrarás un resumen de las características peculiares del cerebro y de la persona bilingüe, y se explicará por qué ser bilingüe puede ayudar a mejorar la habilidad de un niño para aprender, enfocarse, comunicarse y entender el mundo.

Muchas de las ventajas del bilingüismo son intuitivas. Las personas bilingües, por ejemplo, pueden comunicarse con mucha más gente en el mundo y, en consecuencia, tienen más acceso que los monolingües, a obras literarias, académicas y artísticas, así como a redes profesionales y sociales. Quienes son bilingües también aprenden otros idiomas con mayor facilidad que los monolingües porque, después de dominar una segunda lengua, pueden recurrir a las estrategias que ya utilizaron, y aplicarlas para aprender una tercera o cuarta. Por último, el bilingüismo fomenta una actitud multicultural y de apertura mental y tolerancia. François Grosjean, psicolingüista reconocido a nivel mundial, lo expresa de una manera muy elocuente: la identidad del individuo bilingüe "trasciende las fronteras nacionales".[102]

¿Qué significa ser bilingüe?

En la década de los cincuenta, los lingüistas Uriel Weinreich y William Francis Mackey aseveraron que el bilingüismo era simplemente el uso "regular" de dos o más lenguas. En contraste, François Grosjean sugiere que la habilidad de hablar más de una lengua no es una habilidad lingüística. De acuerdo con este psicolingüista, el bilingüismo constituye una identidad nueva y diferente. Ambas definiciones resaltan los aspectos variables de la persona bilingüe y del cerebro bilingüe. Los programas duales les permiten a los estudiantes usar más de una lengua en su vida cotidiana y en muchas áreas distintas de conocimiento. También empoderan, tanto a los hablantes de lenguas patrimoniales como a los monolingües, para que puedan preservar su herencia cultural y lingüística o desarrollar nuevas identidades y habilidades propias, y de esa manera, convertirse en un gran fuerte de orgullo en sus respectivas comunidades.

El término "lengua patrimonial" (*heritage language*) ha sido usado aproximadamente durante quince años. Sus orígenes pueden ser rastreados hasta Quebec, Canadá; después fue acogido en los léxicos de los educadores estadounidenses cuando estos empezaron a percatarse de que había poblaciones enteras de estudiantes incapaces de aprovechar las habilidades lingüísticas que ya habían adquirido en su lengua natal. Los educadores se dieron cuenta de que, en lugar de inscribir a los niños en clases de inglés como Segundo Idioma —lo que con frecuencia daba como resultado la desaparición del dominio que los estudiantes ya tenían de su lengua natal—, lo mejor sería construir a partir de las habilidades que traían consigo a las aulas. Así fue como nacieron los programas de lenguas patrimoniales para desarrollar las habilidades de lectoescritura en ambos idiomas. Este objetivo de desarrollar el dominio académico de la lengua en inglés y en el idioma objetivo, es una de las metas más importantes de la Revolución Bilingüe.

En una charla pública reciente en Nueva York sobre bilingüismo, adquisición de lengua e identidad, François Grosjean aseveró: "El individuo bilingüe es un comunicador humano, un hablante y un escucha por derecho propio, que lidia con la vida en dos o más lenguas."[103] Al analizar esta definición, uno se podría preguntar si esta aparentemente abrumadora tarea de "lidiar con la vida" en más de una lengua, justifica la lucha que los individuos bilingües enfrentan intrínsecamente. Dicho de otra forma, ¿el bilingüismo es una ventaja o una desventaja para el estudiante en el aula y, más adelante, en la vida cotidiana? ¿Qué diferencias habrá entre los individuos bilingües y los monolingües en términos de sus funciones cognitivas y de la manera en que se manejan en la sociedad? ¿Qué tan importante es ser bilingüe?

Hay por lo menos tres espacios a los que pueden "pertenecer" los individuos bilingües, y que pueden ser considerados aspectos distintos del trinacionalismo. En mi caso, por ejemplo, me siento francés cuando uso el francés, estadounidense cuando uso el inglés, y franco-estadounidense cuando interactúo con otros individuos bilingües y tengo que usar una mezcla de ambos idiomas. El bilingüismo abre las puertas a una amplia gama de culturas y comunidades que, de otra manera, son inaccesibles para el individuo monolingüe. En lugar de tener solamente un "hogar" lingüístico o zona de confort, los individuos bilingües tienen muchos. Como podría uno imaginar, la vida multilingüe es extraordinariamente rica y diversa, y está llena de posibilidades. A medida que las barreras geográficas van desapareciendo en esta era globalizada, las fronteras también dejan de limitar la diseminación de las ideas y las culturas en todo el mundo. En la actualidad, la compleja identidad del individuo bilingüe es más relevante que nunca antes, y en el futuro seguirá jugando un papel cada vez mayor.

Cómo mantener motivados a los niños bilingües

La motivación y el deseo de hablar otro idioma pueden verse influidos por varios factores distintos. Algunos vienen del ambiente familiar. Ciertamente hay familias que adquieren el bilingüismo sin contratiempos gracias a que en casa tienen una estimulante experiencia lingüística enfocada en los niños. Es muy común, por ejemplo, que los padres bilingües presionen demasiado a sus hijos para que aprendan su lengua materna, y a veces incluso los fuercen a hablarla durante las interacciones familiares. Pero es posible que el niño no comparta este deseo y necesidad con sus padres, razón por la que esta estrategia suele tener resultados negativos para los padres o para los hijos. Para que la inmersión en el hogar funcione, los niños deben estar en un entorno positivo de refuerzo que les haga sentir el gozo de aprender la lengua y de mejorar sus habilidades.

Otro factor importante es la influencia de la comunidad y la cuestión del estatus de la lengua. Si un niño percibe que la lengua que habla en casa tiene un estatus menor que la lengua dominante de la comunidad, no va a querer que lo asocien con ella y tal vez se abstenga por completo de comunicarse o interactuar con la misma.[104] También hay factores individuales de la personalidad vinculados con la motivación y el involucramiento de los niños respecto a sus experiencias lingüísticas. En un momento u otro, algunos niños simplemente no quieren seguir hablando la lengua de sus padres, y esto puede ser parte de períodos de rebelión en la adolescencia o la juventud, o desarrollarse como resultado de la presión social que ejercen sus compañeros o de su deseo de pertenecer, entre otras razones. En estos casos es mejor tratar de encontrar una manera alternativa de motivar al niño, una estrategia que tome en cuenta su identidad personal. Es imperativo que él o ella sea el centro de la estrategia, y que los padres lo escuchen, se involucren y le permitan explayarse respecto a las razones por las que desea, o no, seguir hablando una lengua específica. De esta manera el niño podrá asumir la responsabilidad de su propio aprendizaje y desarrollar su interés en la lengua en sus propios términos.

La personalidad bilingüe

Además de las muchas ventajas cognitivas de saber varios idiomas, los individuos bilingües suelen tener una inteligencia emocional superior. El psicólogo y autor Daniel Goleman, como otros investigadores, describe este fenómeno como una conciencia exacerbada de uno mismo y de los otros; una capacidad especial de las personas bilingües para entender mejor la perspectiva de otros por medio de la ventana cultural de la lengua; y una habilidad particular de experimentar un tipo de empatía que está arraigada en lo lingüístico, pero, finalmente, se vive de forma cultural.[105] Las emociones son un componente intrínseco y único de cada lengua, lo que destaca la razón por la que los individuos bilingües son más capaces para navegar y discernir entre la gama existente de sentimientos entre las distintas culturas. En este mismo tenor, la habilidad de observar el mismo suceso o idea desde una perspectiva lingüística y cultural distinta, es increíblemente útil para desarrollar relaciones interpersonales y para interactuar con gente de distintos orígenes, tanto de la misma sociedad, como del resto del mundo. El bilingüismo es una inversión sumamente redituable. A los hablantes de dos o más lenguas siempre se les puede solicitar su ayuda para participar en lluvias de ideas y ofrecer nuevos enfoques, para poner a prueba una idea novedosa, o para entender una posición distinta a la suya. Estas herramientas les ayudan a navegar en este complejo y globalizado mundo con facilidad, y a operar en un nivel más sofisticado de entendimiento.

A todas estas ventajas podríamos añadir la creatividad natural que se observa en los niños bilingües o, para ponerlo en términos más científicos, su "pensamiento divergente". El trabajo sobre la creatividad realizado por el autor y experto en educación internacional, Sir Kenneth Robinson, ofrece valiosas reflexiones respecto al pensamiento divergente, y lo hace a través de sencillos ejercicios, como por ejemplo, preguntarles a los sujetos de estudio cuántos usos le pueden encontrar a un clip metálico para papel.[106] En este ejercicio, el pensamiento divergente se mide de tres maneras: (1) flexibilidad, o cuántas respuestas pueden dar los participantes; (2) originalidad o cuántas respuestas originales pueden ofrecer; y (3), nivel de detalle de las respuestas, o hasta dónde pueden los participantes llevar sus ideas. Muchos estudios han comparado la cantidad de respuestas que son capaces de dar los individuos monolingües en relación con los bilingües o los multilingües, y el consenso es contundente: la gente bilingüe y multilingüe sobresale en el pensamiento creativo y en la resolución de problemas; y es capaz, de manera consistente, de proponer más usos originales para el clip de papel.[107] Esto se explica fácilmente: el bilingüismo es una expresión de creación de significado, es decir del proceso con el cual interpretamos los sucesos de la vida, le encontramos lógica a las relaciones y llegamos a conocernos a nosotros mismos. Como los individuos bilingües son hábiles para hacer malabares con múltiples expresiones de sentimientos, objetos y experiencias similares, les resulta conveniente usar esas habilidades para "pensar fuera de la caja", es decir, para ser creativos. La gente bilingüe tiene la ventaja de que no está limitada a "una caja" porque, sencillamente, tiene varias.

La ventaja bilingüe

Los beneficios prácticos de ser bilingüe, son incontables. En años recientes se han realizado importantes estudios en los que se examinó el impacto positivo de los programas bilingües en los resultados educativos. Esto se hizo a través de un análisis de la manera en que aprenden los estudiantes bilingües. Los investigadores hacen énfasis en que los estudiantes bilingües tienen una conciencia metalingüística mayor[108] —están más conscientes de que la lengua es un sistema—, y procesan la información con mayor facilidad a un nivel cognitivo. Gracias a estas ventajas cognitivas, los estudiantes bilingües muestran un mayor control de su atención, un rango de memoria más amplio, y la aptitud necesaria para resolver problemas de una dificultad por encima del promedio.[109]

La investigación también indica que los estudiantes de preparatoria en programas duales de lengua tienen índices menores de abandono escolar que los que estudian programas monolingües.[110] Thomas y Collier condujeron un estudio longitudinal durante dieciocho años en veintitrés distritos escolares en quince estados. En el estudio compararon a alumnos de programas duales de lengua con alumnos de programas bilingües de transición o en clases monolingües en inglés. Descubrieron que, tanto en las primarias como en las secundarias, el modelo de educación dual de lengua cerraba la brecha de logro entre los alumnos que aprendían inglés y los hablantes nativos de inglés. Los programas también transformaban la experiencia escolar porque fomentaban la formación de una comunidad inclusiva que apreciaba y acogía la diversidad.

Los investigadores llegaron a la conclusión de que el aprendizaje dual de lengua era el único método de adquisición de un segundo idioma que facilitaba la eliminación completa de la brecha de logro entre los estudiantes que aprenden inglés y los hablantes de inglés en las escuelas primarias y secundarias. Además, en los exámenes estandarizados, los estudiantes bilingües tuvieron mejor desempeño que sus compañeros monolingües, evidencia concreta del éxito de los programas duales de lengua.[111] De acuerdo con los investigadores, la enseñanza dual de lengua bien estructurada y bien implementada en todas las materias del plan de estudios, les da a los estudiantes la oportunidad de desarrollar un profundo dominio académico en ambas lenguas.[112]

Por si lo anterior fuera poco, ser bilingüe a una edad temprana, conduce a muchas más oportunidades de estudiar y trabajar en el extranjero. Las empresas que contratan a gente bilingüe tienen beneficios como servicios de traducción e interpretación, los cuales facilitan la comunicación con una clientela mucho más numerosa. Además de las ventajas obvias que ofrecen las habilidades culturales y lingüísticas, con frecuencia se prefiere contratar a candidatos bilingües porque tienen la habilidad de adaptarse con rapidez a los nuevos ambientes. Subsecuentemente, estas ventajas de avanzada pueden llevar a ganar salarios más altos y a un acceso más completo del mercado laboral a nivel global.

Con su trabajo pionero, Ellen Bialystok, profesora investigadora y presidenta de Lifespan Cognitive Development de la Universidad de York, demostró que el bilingüismo como experiencia tiene un impacto claro y profundo en la estructura y la organización del cerebro. Descubrió que los individuos bilingües tienen una ventaja que dura toda la vida en lo que se refiere a la resolución de problemas. Dicha ventaja se debe a la reconfiguración constante de su sistema de control ejecutivo: una red de procesos cerebrales que reúne información, la estructura para evaluarla, y reúne datos de nuestro entorno para ajustar nuestro comportamiento como respuesta. La necesidad constante que tienen los individuos bilingües de procesar información en dos lenguas, activa el sistema de control ejecutivo de una manera más intensa. Luego, el esfuerzo que tienen que hacer para resolver problemas o confusiones, tanto para las tareas verbales como para las no verbales en dos sistemas de lengua distintos, reorganizan esa red. Al final, la red reorganizada es más eficiente que su equivalente monolingüe. Bialystok también demostró que el bilingüismo es una fuente extraordinaria de reserva cognitiva, lo cual quiere decir que el cerebro es capaz de mejorar su desempeño a través del uso de conexiones. Estos estudios resaltan la increíble capacidad que tienen nuestras experiencias cotidianas de remodelar la mente bilingüe.

Las investigaciones en neurociencia también destacan que aprender a hablar dos idiomas desde la niñez no solamente es benéfico para el desarrollo cognitivo y las oportunidades sociales, también tiene sus recompensas en la madurez. El trabajo realizado recientemente por el equipo liderado por Ana Inés Ansaldo, directora de Brain Plasticity, Communication and Ageing Laboratory y profesora en la Universidad de Montreal, mostró que, en contraste con los individuos monolingües de mayor edad, los bilingües llevan a cabo tareas de resolución de problemas con éxito, y sin utilizar ciertas áreas del cerebro que son particularmente vulnerables al envejecimiento. De cierta forma, el bilingüismo permanente reconfigura el cerebro de tal manera que se le puede considerar una póliza de seguro contra el declive cerebral relacionado con la edad. [113]

La familia y el bilingüismo

El apoyo de las familias es esencial para alcanzar este nivel de bilingüismo porque la lengua está arraigada en las tradiciones y la cultura. Construir una afinidad por la cultura, más allá de la lengua, es algo que exige mucha motivación para quienes empiezan a aprender de cero. Entre más pueda la lengua incrustarse en la experiencia cultural como, por ejemplo, a través de la exposición a hablantes nativos o del vínculo entre las tradiciones y las palabras del vocabulario, más fuerte será el dominio de la misma. Muchos niños de programas duales de lengua también asisten a programas culturales de enriquecimiento porque sus familias buscan oportunidades adicionales que hagan énfasis en la literatura, cultura e historia de su país natal, para fomentar una sensación de pertenencia y orgullo como miembro del grupo de herencia.

A menudo a los padres les preocupa que los niños lleguen a confundirse cuando empiezan a hablar dos lenguas a una edad temprana, o que esto afecte su habilidad para aprender cuando sean mayores. Lo que la gente normalmente identifica como una evidencia de confusión, en realidad es el hecho de que los niños, y en especial los más pequeños, con frecuencia mezclan las dos lenguas cuando hablan. Es algo a lo que los expertos llaman "cambio de código". Por ejemplo, un niño que fue criado hablando mandarín e inglés, tal vez empiece una oración en mandarín, incluya una o dos palabras en inglés, y luego regrese al primer idioma. La pregunta es, ¿esto realmente cuenta como confusión? Para tratar de responder a esta duda, hace veinte años un grupo de lingüistas de Montreal estudiaron casos en los que parecía que los niños estaban usando la lengua equivocada, o que estaban cambiando de código.[114] Los expertos descubrieron que los niños no solamente no estaban confundidos, sino que ese cambio de código en realidad es una estrategia muy inteligente que aplican los pequeños bilingües. Estos jóvenes aprendices del idioma sólo están utilizando todos los recursos lingüísticos que tienen a su disposición. Además, es importante recordar que incluso los niños monolingües mezclan palabras y significados en su lengua materna cuando están atravesando las distintas etapas del desarrollo lingüístico. Ahora que sabemos esto, el cambio de código ya no es una razón de preocupación como en el pasado. Los individuos bilingües pueden incluso usar esta estrategia a su favor porque les sirve para adaptar el uso de la lengua a su entorno inmediato de una manera muy orgánica.

En el proceso de adquisición de la lengua es natural que los niños le den forma a su discurso de acuerdo con el de los individuos a los que escuchan hablar con más frecuencia, que normalmente son los padres. Esto puede representar un problema si ellos deciden hablarles a sus hijos en una lengua que no necesariamente manejan con fluidez o con la que no se sienten del todo cómodos. En Estados Unidos algunos padres cuya lengua materna no es el inglés, eligen comunicarse con sus niños en este idioma porque no quieren que sufran dificultades o tengan que enfrentarse a la discriminación debido a su acento o sus orígenes, como a ellos les ha pasado. Quieren asegurarse de que sus niños hablen la lengua dominante con fluidez y sin acento para protegerlos de las adversidades que ellos mismos han sufrido. Pero finalmente es más constructivo que les hablen en su lengua materna en lugar de usar un inglés imperfecto y con una gramática incorrecta. La base lingüística de cada niño debe tener una base sólida, ya sea en inglés o en otro idioma, y esta base debe derivarse de la comunicación con los padres y la familia en general a una edad muy temprana. De esta manera, cuando el niño ingresa a la escuela, los maestros pueden aprovechar esa base para desarrollar la lectoescritura en una segunda, tercera o cuarta lengua. [115]

El niño y el bilingüismo

Cuando nosotros como adultos nos enfrentamos a dos idiomas, ya sea escritos o hablados, los clasificamos como tales, es decir, inglés y español; o francés y alemán. Sin embargo, desde la perspectiva del niño bilingüe, ambas lenguas conforman la totalidad de su repertorio lingüístico. Más adelante se les enseña y aprenden a seleccionar las palabras de una lengua específica para acomodar el terreno comunicativo en el que están situados. La sociolingüista Ofelia García se refiere a este astuto uso de la lengua como "translenguar" (*translanguaging*). En las aulas bilingües los niños desarrollan un sistema de lengua personal con distintos rasgos que socialmente fueron asignados a dos lenguas distintas. García señala que es extremadamente importante no restringir el uso a una sola. Si les impedimos a los niños traer su lengua materna y sus experiencias del hogar al salón de clase, van a inventar su propia lengua simplificada, es decir una mezcla de lenguas simplificadas, o van a encontrar otra manera de comunicarse cuando estén reunidos en grupos. [116]

A menudo los maestros forman espacios separados de lengua, pero lo hacen más para ellos mismos que para los niños, ya que esto les sirve para organizar mejor sus métodos de enseñanza. Por eso es común escuchar historias sobre las fronteras imaginarias que dividen los salones de clase. Sin embargo, ser demasiado estrictos con la separación de las lenguas no beneficia al niño en absoluto y, de hecho, limita su progreso lingüístico natural. De ahí la importancia de ser cuidadosos en el desarrollo de programas y planes de estudio bilingües.

Una de las características que definen a los programas duales de lengua es que a los niños de kínder y de primer grado se les enseña a leer en su lengua materna, que puede ser el inglés o el idioma objetivo. Ciertamente, el hecho de que los pequeños puedan leer en más de una lengua abre mundos enteros de oportunidades de aprendizaje, libres de las limitaciones impuestas por las traducciones y los textos apócrifos. En 2005, el profesor Claude Goldenberg de la Universidad Stanford condujo cinco estudios experimentales y confirmó que aprender en la lengua materna promueve el logro de la lectura en una segunda lengua.

Como los niños bilingües usan sus lenguas en distintas situaciones, campos y contextos, es posible que tengan vocabularios limitados, en especial si se consideran las dos lenguas de manera independiente. Si todo el vocabulario de la familia, el hogar y el juego está en una lengua, y todo el vocabulario escolar y académico está en otra, no resulta sorprendente que los niños desarrollen léxicos limitados en cada una. No obstante, las investigaciones indican que cuando se toma en cuenta el conjunto sus dos vocabularios, los niños bilingües se encuentran en un nivel superior. François Grosjean le llama a este fenómeno "principio de complementaridad", que en realidad se refiere al hecho de que los individuos bilingües utilizan distintas lenguas para hacer distintas cosas en distintas situaciones, con distintas personas y en distintos contextos. Naturalmente, puede haber una superposición de las lenguas en uno o más campos, como sucede con las interacciones comunes como los saludos, el lenguaje fático y las compras. Hay ámbitos de la vida que se cubren con solamente un lenguaje, por eso existen los términos legales y de negocios, la jerga académica o las palabras inherentes de manera específica a la geografía. Estos reinos lingüísticos crecen con el tiempo, a medida que los niños desarrollan vocabularios más amplios y aprenden a operar de forma bilingüe en situaciones y contextos más variados.

Nada es perfecto

Aunque este capítulo se ha enfocado principalmente en las ventajas del bilingüismo, sería una equivocación no mencionar algunas de las posibles desventajas de vivir como una persona bilingüe. Muchos de estos individuos, por ejemplo, dicen tener dificultades cuando se comunican en su lengua menos fuerte, en especial en situaciones en las que no están acostumbrados a usarla. A otros les cuesta trabajo traducir y sufren de una carencia de vocabulario en una lengua en particular. También hay casos en los que puede ser difícil que los individuos bilingües sean aceptados como lo que son —en cada una de las sociedades en las que interactúan—: es decir, miembros de dos o más culturas que hablan dos o más lenguas. A pesar de todo, la gran mayoría de las personas bilingües dicen que su habilidad para hablar más de un idioma es una experiencia increíblemente positiva, y como tal, es justo decir que las ventajas del bilingüismo superan por mucho los desafíos menores mencionados.

El potencial del bilingüismo

Cuando uno considera la riqueza del patrimonio lingüístico de este país y la cantidad de comunidades lingüísticas que podrían beneficiarse de los programas duales, es imposible soslayar el enorme potencial que tiene su implementación para el cambio social y el progreso colectivo. Dicho llanamente, no se ofrecen suficientes programas duales, en particular si reconocemos las ventajas de este tipo de educación y el creciente interés en el bilingüismo en todo el país. Los beneficios del bilingüismo pueden y deberían extenderse a muchos niños más para que tengan vidas prósperas, gratificantes y más ricas.

Capítulo 13

Educación bilingüe en Estados Unidos: Entérate antes de ir

L
a conversación alrededor de la educación bilingüe en Estados Unidos con frecuencia se ha centrado en el asunto de la inmigración. Históricamente, los programas bilingües en el país han sido vistos en gran medida como un medio para ayudar a los inmigrantes a adquirir el idioma inglés a través de un modelo de transición. Los defensores de estos programas no se enfocan en las ventajas de dominar dos lenguas *per se*. De hecho, este tipo particular de programas rara vez valora la importancia de preservar una lengua patrimonial, y no alcanza a ver las muchas ventajas que puede tener el hecho de aprender en la lengua materna y también en inglés. Afortunadamente, a pesar de esta visión hasta cierto punto establecida de la educación bilingüe estadounidense, las actitudes y prácticas están empezando a cambiar.

Los programas duales de lengua para todos, y todos para los programas duales de lengua

Es comprensible que los programas de Inglés como Segunda Lengua (ESL) en Estados Unidos casi siempre se hayan enfocado en los niños cuya lengua en el hogar no es el inglés. Sin embargo, el modelo dominante ESL de adquisición del inglés ha empezado a mutar hacia el modelo dual de lengua: los objetivos de estos programas están evolucionando. Actualmente hay un creciente número de programas duales que fueron creados no sólo para atender a los Aprendices del Idioma Inglés, sino también a los estudiantes que tienen el inglés como lengua materna. Esto se puede explicar por la abrumadora evidencia de que educar a los niños en varias lenguas ofrece una ventaja competitiva en la economía global y no sólo fortalece sus habilidades con la lengua extranjera, también mejora su lectura y comprensión en inglés, e incluso su capacidad para las matemáticas. Estos programas se concentran en las ventajas del bilingüismo para todos los estudiantes involucrados, sin importar las habilidades lingüísticas con las que llegan al aula.

Los programas duales en Estados Unidos están disponibles en una amplia gama de idiomas. Aunque el inglés es siempre una de las dos lenguas que se enseñan, los programas pueden incluir idiomas objetivo que pueden ir del español, mandarín, coreano, francés, japonés, alemán, ruso, portugués, árabe e italiano, al cantonés, hmong, bengalí, urdu, criollo, cup'ik y ojibwe, por mencionar sólo algunos. Los programas duales incluso se ofrecen en el lenguaje de señas estadounidense (American Sign Language).[117] Cada una de las lenguas que se ofrecen refleja la fibra de esa comunidad en particular, la cual puede incluir concentraciones étnicas, intereses comerciales o, simplemente, un deseo de proporcionarles a los niños una ventaja competitiva. Al crear estos programas, cada comunidad puede hacer que Estados Unidos sea, en su totalidad, más competitivo académica y económicamente.

La educación bilingüe en Estados Unidos es multifacética. Como no existe una legislación federal que rija el contenido de la educación, cada distrito escolar controla las decisiones relacionadas con su propia pedagogía, y los estándares que afectan el desarrollo del plan de estudios se definen a nivel estatal. La cantidad y la amplia variedad resultante de programas bilingües puede desconcertar a los padres y educadores que desean incorporar programas similares a sus comunidades. Cuando se discutan estas iniciativas es necesario proveer definiciones claras para la terminología que se usa comúnmente. A continuación se presentan definiciones de la Oficina de Adquisición del Idioma Inglés del Departamento de Educación de Estados Unidos (Office of English Language Acquisition):

- Programas duales de lengua de dos vías (también conocidos como programas de inmersión de dos vías): Los Aprendices del Idioma Inglés que se manejan con fluidez en la otra lengua y los compañeros anglófonos se integran para recibir la enseñanza en inglés y en la otra lengua.

- Programas duales de lengua de una sola vía: Los estudiantes que pertenecen predominantemente a un grupo lingüístico reciben enseñanza en inglés y en la otra lengua. Los programas duales de lengua de una vía pueden servir particularmente a los Aprendices del Idioma Inglés (también son conocidos como programas de desarrollo o mantenimiento); a los estudiantes que hablan inglés predominantemente (también conocidos como programas de inmersión de lengua mundial de una vía); o predominantemente a estudiantes con antecedentes familiares o vínculos culturales con la otra lengua (también conocidos como programas de lengua patrimonial o heredada, o programas de lengua materna).[118]

También hay muchas variaciones sutiles que le dan forma a cada programa bilingüe, como las materias que se enseñan y la duración del programa. Con esta amplia gama de programas y lenguas, seguramente encontrarás un modelo que funcione para tu comunidad y que le sirva a tu población local de la mejor manera posible.

Inmigración y el ascenso de la educación dual de lengua: Una perspectiva histórica

La historia de la educación bilingüe en Estados Unidos ascendió y cayó con las distintas oleadas de gente que llegó en diferentes momentos. Desde los primeros arribos europeos a principios del siglo XVII, a los puertorriqueños en los cuarenta, y al éxodo masivo de cubanos a principios de los sesenta, el objetivo principal de las familias inmigrantes estadounidenses no ha sido conservar las lenguas de su hogar, sino tener acceso al inglés para poder mantenerse económicamente. Cuando se produjeron estas oleadas de inmigración, hubo un desarrollo —al margen y adicional al sistema de escuelas públicas—, de escuelas de lengua materna o patrimonial. No obstante, el enfoque principal de los programas desarrollados en el marco de la actividad escolar, continuó siendo el dominio del inglés. Los padres inmigrantes usaron estos programas para funcionar en su nuevo entorno y para asegurarse de su éxito personal y del de sus hijos.

El contexto de inmigración, a su vez, dio pie a decisiones legislativas y judiciales que llegarían a tener un impacto importante en la educación bilingüe. En 1965, las leyes de inmigración en Estados Unidos sufrieron reformas importantes debido a cambios radicales en las demografías. La cantidad de inmigrantes chinos y del este de Asia aumentó con rapidez, pero era una población que no hablaba inglés al llegar al país. La creciente población de hispanohablantes también se percató de la necesidad de programas bilingües para atender a sus estudiantes. Como las comunidades inmigrantes no tuvieron acceso a los servicios que sus niños necesitaban para tener éxito en la escuela, comprendieron que sería necesario actuar legalmente para propiciar un cambio en el sistema de educación pública.

En la Ciudad de Nueva York, los padres se movilizaron alrededor de ASPIRA (una organización de defensa que busca empoderar a la comunidad puertorriqueña y latina) y de United Bronx Parents para luchar por los derechos de los Aprendices del Idioma Inglés. La noción de que los antecedentes lingüísticos y culturales de los niños constituían un elemento esencial de pedagogía eficaz y de que se debería implementar educación bilingüe y cultural en las escuelas, fue parte central del movimiento. En 1972 ASPIRA presentó una demanda civil para exigirle a la Ciudad de Nueva York que les proveyera a los estudiantes latinos en situación difícil, enseñanza de español de transición en las aulas. Como resultado, ASPIRA firmó un decreto de acuerdo extrajudicial con la Junta de Educación de la Ciudad de Nueva York en 1974, el cual es considerado un documento de referencia en la historia de la educación bilingüe en Estado Unidos, ya que estableció la educación bilingüe como un derecho federal con aplicación legal para los estudiantes puertorriqueños y latinos no hablantes de inglés de la Ciudad de Nueva York.[119]

También en 1974 un grupo de estudiantes chino-estadounidenses presentaron en San Francisco un caso de derechos civiles con base en el reclamo de que se les había negado una oportunidad igualitaria en la educación a la que, según lo que argumentaron, tenían derecho bajo el Título VI de la Ley de Derechos Civiles de 1964 que prohíbe la discriminación con base en el origen nacional. La Suprema Corte emitió un fallo a favor de los estudiantes en lo que ahora se conoce como el caso *Lau v. Nichols*. La Suprema Corte afirmó que estos estudiantes debían recibir trato igualitario en su educación en las escuelas públicas. Este caso de referencia se ha convertido en la base legal para que los Aprendices del Idioma Inglés y sus familias exijan programas bilingües en su lengua materna en Estados Unidos, como se detalla en algunas de las viñetas presentadas antes en el libro. Entre otras cosas, *Lau v. Nichols* refleja la visión ampliamente aceptada en la actualidad, de que la lengua de una persona está íntimamente ligada a su origen nacional, y que la discriminación con base en la lengua es, en efecto, una representación de la discriminación por el origen.[120]

Algunos años después de *Lau v. Nichols* y al final de la Guerra de Vietnam, una nueva oleada de inmigración de refugiados arrasó en Estados Unidos como resultado de la Ley de Inmigración del Sudeste Asiático de 1979. La costa del Golfo de México, en especial, se convirtió en el hogar de miles de hablantes de vietnamita, al mismo tiempo que hablantes de hmong llegados del Vietnam del Norte, Laos y Camboya se reubicaron en Minnesota.[121] Hoy en día, como resultado de esta migración masiva, Minnesota tiene la población más grande de hablantes de hmong de Estados Unidos, y la mayor cantidad de problemas bilingües relacionados con esta lengua en el país.[122] Los refugiados llegados de distintas zonas de guerra también han ayudado a vigorizar varias comunidades, en particular la bosnia en Utica, Nueva York; la somalí en Lewiston, Maine; y la siria en Detroit, Michigan.

Superando el tabú bilingüe en Estados Unidos

En el fondo, el problema monolingüe de Estados Unidos radica en el lugar donde está situado el país. A diferencia de la mayoría del resto el mundo, donde es típico que las poblaciones compartan fronteras con numerosas comunidades lingüísticas, las oportunidades de intercambio de lengua en Estados Unidos se ven limitadas por su propia vastedad geográfica. Estados Unidos es, en consecuencia, más propenso a ser un país aislado que, además, es sumamente rico y tiene una buena posición en términos de oportunidades económicas y estándar de vida, y por lo tanto, muchos estadounidenses no sienten la necesidad de aprender una segunda lengua para mejorar su vida personal o profesional.

A pesar de la mentalidad monolingüe de los estadounidenses, los expertos concuerdan en que el déficit de lenguas extranjeras en el país obstaculiza su competitividad global.[123] Desafortunadamente, los programas de lenguas extranjeras rara vez se ofrecen antes de la preparatoria, a pesar del hecho de que es mucho más sencillo para los niños pequeños en primaria aprender nuevas lenguas en poco tiempo. El epítome de la crisis de la lengua sobrevino después del 11 de septiembre, cuando se supo que varios mensajes reveladores en árabe interceptados por el departamento de inteligencia estadounidense no fueron interpretados a tiempo debido a la falta de traductores. Tiempo después, el Departamento de Estado empezó a financiar programas de inmersión de verano de "lenguas cruciales" como árabe, chino, ruso, japonés y coreano.[124] Sin embargo, como a los estudiantes universitarios se les atiende mucho tiempo después de la edad ideal para la adquisición fluida de una lengua, este esfuerzo no ha tenido el impacto que debería. Los programas de inmersión de lengua más breves, como los campamentos de verano, también se han vuelto más populares, pero suelen producir resultados variados.

En los noventa y a principios del siglo XXI, los programas bilingües recibieron críticas por su supuesta falta de efectividad para enseñarles inglés a los inmigrantes, y las campañas de encuestas lograron la prohibición de los programas de educación bilingüe de transición en California, Massachusetts y Arizona.[125] Esto tuvo como resultado una creciente estigmatización de latinos, asiáticos, polinesios, africanos, antillanos, nativos americanos y otros grupos lingüísticos minoritarios. El suceso también fortaleció el movimiento de enseñanza exclusiva del inglés que, desafortunadamente, hasta la fecha sigue influyendo de manera activa en muchos miembros del Congreso que desean impulsar políticas monolingües.[126] A pesar de esta adversidad, las escuelas encontraron lagunas y empezaron a adoptar los modelos "duales de lengua" disfrazando astutamente el cargado término "bilingüe" que había cobrado un significado politizado y negativo.

Los programas duales de lengua han empezado a prosperar. Entre otros estados, Georgia, Delaware y Carolina del Norte incrementaron su inversión en la inmersión dual de lengua; Minnesota revisó su presupuesto y sus políticas educativas para beneficiar a los jóvenes estudiantes de los programas duales; Nueva York y Oregón están cambiando su estrategia para obtener resultados académicos a largo plazo para niños bilingües; los legisladores de California y Massachusetts han propuesto anular sus respectivas prohibiciones de la educación bilingüe, y la lista continúa. La educación bilingüe se está convirtiendo de nuevo en un asunto político, pero esta vez hay un apoyo abrumador, lo cual es un indicador del éxito de los programas.

En el año 2000, el entonces Secretario de Educación Richard Riley pidió que la cantidad de programas duales de lengua en Estados Unidos creciera de un estimado de doscientos sesenta que había entonces, a los mil proyectados para 2005, lo que, de acuerdo con las bases de datos del Center for Applied Linguistics de programas de inmersión de una y dos vías, ya se logró.[127] Los cálculos actuales no verificados incluso mencionan la existencia de dos mil programas en Estados Unidos.[128] Este crecimiento señala el éxito de la educación dual de lengua a pesar del "tabú bilingüe".

Un camino dirigido por el estado hacia el futuro bilingüe

Un caso excepcional es el de Utah, estado que presume de contar con la tercera posición más alta en lo referente a programas duales de lengua en Estados Unidos, ya que, según los datos a 2017, tiene aproximadamente ciento cuarenta escuelas que atienden a treinta y cuatro mil estudiantes. Estas cifras resultan una anomalía, pero los programas bilingües en Utah, un estado aislado y alejado de los centros económicos de importancia, han prosperado a pesar de la inexistencia de comunidades lingüísticas diversas. La inmersión en las lenguas extranjeras en Utah se concibió, se implementó y triunfó gracias a la visión de relevantes personalidades políticas que identificaron la necesidad de desarrollar habilidades lingüísticas en los ámbitos de los negocios, el gobierno y la educación. En 2008, el Senado de Utah aprobó la Iniciativa de Educación Internacional y entregó fondos para que las escuelas del estado abrieran programas duales de inmersión en chino, francés y español. Más adelante se añadieron el alemán y el portugués a la oferta del plan de estudios, y actualmente los programas en árabe y ruso están en etapa de planeación para el futuro próximo.[129]

La iniciativa de programas duales de lengua usa un modelo de inmersión parcial en el que los estudiantes reciben cincuenta por ciento de su enseñanza en el idioma objetivo y el otro cincuenta por ciento en inglés, y tienen dos maestros por cada clase. La mayoría de los programas de Utah empiezan en el primer grado, pero algunos cuantos empiezan en el kínder. Para cuando llegan a la preparatoria, se espera que los estudiantes que participan se inscriban en un curso de lengua avanzado (Advanced Placement) y que pasen los exámenes AP World Languages and Cultures en noveno grado. Del noveno al doceavo grado los estudiantes tarde o temprano recibirán una carga de trabajo a nivel universitario a través de oportunidades de aprendizaje con seis universidades importantes del estado. También se estimula a los jóvenes a estudiar una tercera lengua en la preparatoria. Esta serie continua de programas es un paso importante en el proceso evolutivo de la educación bilingüe.

El impacto negativo de terminar demasiado pronto

En todo el país, los programas bilingües de las escuelas públicas suelen terminar en el nivel superior de la primaria, y muy pocos continúan hacia la secundaria. Incluso si continúan después de la primaria, la mayoría suele ofrecer más horas en el idioma objetivo cuando los niños son más pequeños, y luego añaden más horas en inglés a medida que avanzan a la secundaria o la preparatoria. Lo anterior es una verdadera pena porque, aunque los programas duales de lengua ofrecen excelentes oportunidades para el aprendizaje en el nivel primaria, esta falta de un continuo educativo disminuye en muy buena medida el valor de las habilidades que los niños adquieren cuando son pequeños porque corren el riesgo de sufrir una pérdida grave de conocimiento. Cabe señalar que he estado trabajando activamente con Boerum Hill for International Studies —una secundaria y preparatoria pública de Brooklyn— en la búsqueda de un remedio a esta situación. Para sortear el problema combinamos un programa de Bachillerato Internacional (IB, por sus siglas en inglés) con un programa dual de lengua en francés e inglés del sexto al doceavo grado. Nuestro objetivo es que los estudiantes se puedan graduar con un diploma bilingüe de IB que los prepare para acceder a carreras en universidades del más alto nivel de todo el mundo. Este tipo de esfuerzo en colaboración es clave para mantener el bilingüismo que llegan a tener los niños pequeños y para cuidar el valioso regalo que es la lengua.

Ahora que la globalización hace que nuestro mundo sea más estrecho que nunca, debemos reflexionar sobre nuestra competitividad a nivel internacional. El conocimiento de varias lenguas y culturas les puede dar a los estadounidenses esa ventaja, ya que, como se ha visto en una gran cantidad de cohortes de preparatorianos y graduados universitarios, ahora son capaces de ingresar a la fuerza laboral mejor equipados para el mercado global. La educación bilingüe ha demostrado una y otra vez que da resultados increíbles, pero en Estados Unidos el campo se ha estancado debido a una falta de movilización a nivel nacional, producto de mitos y tabúes desmentidos. La Revolución Bilingüe es necesaria ahora más que nunca para establecer la prominente posición de este tipo de educación por el bien de la posteridad.

El futuro de la educación está en dos idiomas

En los pasados quince años las comunidades lingüísticas de varias ciudades de todo Estados Unidos han creado y apoyado una enorme cantidad de programas duales de lengua que proveen instrucción en docenas de lenguas, algunas de las cuales fueron resaltadas en los capítulos anteriores. Las historias en este libro ilustran la pasión y el entusiasmo que comparten todos los involucrados en la implementación de estos programas, y prueban que, efectivamente, es posible crear un programa dual de lengua a partir de cero. Al compartir las historias de la Revolución Bilingüe de Nueva York y el plan que los padres y educadores usaron en el camino, espero en verdad que este libro se convierta en una fuente de orientación para quienes estén considerando iniciar programas similares en sus escuelas. Las historias de las iniciativas duales de lengua en japonés, italiano, alemán, ruso, árabe, polaco, español, chino y francés en Nueva York, se desarrollaron de distintas maneras, pero produjeron advertencias similares: la visión de algunos cuantos tiene fuerza suficiente para dar vida a un movimiento entero y llevar la educación bilingüe a nuevas comunidades en escuelas públicas de todo el país y el mundo. Estos programas son algo más que iniciativas de lengua, son procesos que propician la conciencia cultural en escuelas a través de intercambios interculturales. Fortalecen y respaldan las lenguas patrimoniales de nuestras comunidades. Promueven los valores de la diversidad lingüística y cultural para todas las sociedades del siglo XXI y más allá.

Cuando pensamos en el "mundo global" en que vivimos ahora, ya no podemos aferrarnos a la noción de que con hablar inglés basta. Dicho llanamente, Estados Unidos está rezagándose y perdiéndose de mucho. La gente de todo el mundo está aprendiendo inglés y volviéndose multilingüe. Es imperativo que en Estados Unidos podamos leer, escribir y comunicarnos en más de una lengua. Si no podemos avanzar y dejar atrás nuestra complacencia actual, tanto nosotros como nuestros niños perderemos la riqueza de los beneficios personales, sociales, profesionales y académicos que permite el bilingüismo. Como en una ocasión lo dijo el antiguo especialista en lenguas del mundo e inmersión dual de lengua Gregg Roberts: "El monolingüismo es el analfabetismo del siglo XXI".

La mayoría de quienes hablan otras lenguas que no son el inglés, y que vienen a Estados Unidos, pierden su lengua materna en dos generaciones. Los nietos y los abuelos pierden la capacidad de comunicarse entre sí. Incluso es posible que los niños y los padres pierdan su capacidad para comunicarse de manera significativa ente ellos. Muchas de las familias presentadas en este libro no estaban dispuestas a quedarse sin hacer nada frente a esta crisis. Estos padres creyeron en los beneficios para preservar su herencia entre las distintas generaciones, y de esa manera abrieron el gran tesoro de la literatura, la cultura y la historia, y fomentaron una noción de pertenencia, orgullo e identidad. Entendieron que los programas duales de lengua podían contribuir a crear una sociedad vibrante, rica y diversa. Pero sobre todo, entendieron que el bilingüismo tiene que ver con las familias, con preservar lo que somos de una manera sólida que trascienda el aprendizaje mismo de la lengua.

En nuestra sociedad actual, el inglés tiene el poder de eliminar a otras lenguas que son increíblemente valiosas y que son el vehículo de ricas culturas, historias y conocimiento. Junto con este dominio lingüístico viene la fuerza de la americanización y la asimilación que, en ambos casos, son llevadas al extremo con frecuencia. Aunque el aprendizaje de la lengua es una preocupación a nivel mundial, la Revolución Bilingüe empieza localmente en los vecindarios, las escuelas y las comunidades. Sin que se les haya tenido que explicar, muchos niños descubren el enorme peso que el inglés supone en nuestro ambiente monolingüe. Con frecuencia esto los hace ver su lengua bajo una luz negativa, pero en lugar de sucumbir a esta presión, todos —sus padres, sus escuelas y sus comunidades—, tenemos que enseñarles que lo mejor es ser bilingüe. Entre más nos podamos comunicar en nuestras propias comunidades y con otras del exterior, más fuerte será la fibra de nuestra sociedad.

Como pudimos ver en este libro, no siempre es sencillo diseñar programas duales de lengua a partir de cero. Dicho lo anterior, si los padres siguen el plan y las autoridades escolares desarrollan lineamientos más claros y mecanismos de apoyo, las iniciativas espontáneas de este tipo serán capaces de operar con mayor eficiencia y, posiblemente, tendrán más éxito. Los inconvenientes, la resistencia y la perseverancia descritos en estas iniciativas duales de lengua, son indicadores de que todo nuestro sistema educativo en Estados Unidos debe transformarse en algo muy distinto a lo que es ahora. Las escuelas deben satisfacer la creciente demanda de educación dual de lengua y acogerla de todo corazón.

En los casos examinados en el libro, quienes trabajaron infatigablemente para integrar con éxito los programas en las escuelas, fueron los padres. Ellos fueron quienes invirtieron cantidades enormes de tiempo, esfuerzo y compromiso con sus proyectos. Los padres investigaron, planearon e implementaron estos nuevos programas en las escuelas. Ellos formaron las máquinas bien aceitadas y diseñaron estrategias notables para reclutar familias, y ubicar y contactar escuelas. Incluso en las ocasiones en que realizaron el trabajo base, pero su programa no se concretó con oportunidad, siguieron adelante con determinación. A pesar de los obstáculos, los inconvenientes y los interminables trámites burocráticos, estos padres, en colaboración con los administradores escolares y los maestros, siguieron trabajando. Dichos grupos han ayudado a que las comunidades, e incluso el país, avancen enormemente.

Como sucede con cualquier revolución, hay varios desafíos importantes que deben ser superados para reproducir los fenómenos a gran escala. En el centro de estos desafíos se encuentran el financiamiento y los presupuestos escolares. Casi todas las escuelas a las que se acercaron los padres de este libro hablaron de la necesidad de obtener recursos financieros adicionales para llevar a cabo los programas. El acceso a los materiales educativos en el idioma objetivo es otro de los problemas recurrentes que tienen que enfrentar los educadores. Para superar estos desafíos, es fundamental que exista colaboración entre los administradores escolares, las fundaciones y las organizaciones comunitarias locales que estén en posibilidad de proveer financiamiento. Buena parte del éxito de la educación dual de lengua radica en el inquebrantable apoyo que producen estas fructíferas asociaciones.

Otro desafío igual de importante surge de la dificultad para reclutar e involucrar seriamente a los maestros bilingües. Las leyes concernientes a los requisitos necesarios para dar clases en las escuelas públicas de Estados Unidos varían de un estado a otro, y esto provoca que el campo de candidatos se estreche de manera significativa. Si en lugar de tener que obtener certificaciones estatales, a los maestros se les solicitaran exclusivamente certificaciones nacionales, se podría combatir una buena cantidad de trabas administrativas. Algo que complica todavía más el asunto es que, de los maestros bilingües que viven en Estados Unidos, sólo algunos son residentes oficiales o cuentan con permiso de trabajo. Aunque las escuelas les pueden ofrecer varios tipos de visas a los maestros que están en proceso de reclutamiento, estas son nada más temporales; y algunos estados sólo permiten la aplicación de este mecanismo si no hay un maestro estadounidense certificado y calificado para hacer el mismo trabajo. Esto reduce significativamente las opciones de las escuelas, en particular si desean reclutar a hablantes nativos del idioma objetivo para propiciar un ambiente de mayor inmersión. Esta dificultad se ve exacerbada en las escuelas alejadas de los centros urbanos de importancia. Por suerte, hay una solución a largo plazo. Cuando los estudiantes que ahora están en programas duales se gradúen de la universidad y se conviertan en maestros también, llegarán a ser maestros bilingües calificados y con certificación. Este futuro cohorte en potencia de educadores bilingües competentes, podría cambiar todo. Una vez que el bilingüismo se convierta en la regla y deje de ser la excepción, será menos difícil encontrar candidatos calificados. Como se puede ver, si se les da tiempo de crecer, los programas pueden volverse autosustentables.

Hay algunas señales definitivas y esperanzadoras de que los estadounidenses están empezando a ampliar sus horizontes, a pensar más allá de los confines de su propio país, y a reconocer la riqueza y la diversidad que forma parte de su cultura en la actualidad. Gracias en buena medida a la migración, a los estadounidenses cada vez les resulta más común hablar en casa otra lengua que no sea el inglés. Poco a poco, hablar con fluidez otra lengua se está volviendo la norma, en especial en los centros urbanos. Al mismo tiempo, el interés en el bilingüismo ha ido teniendo un aumento repentino a medida que los padres van conociendo mejor las ventajas que el aprendizaje de una lengua extranjera a temprana edad les puede dar a sus niños. Las ventajas cognitivas, académicas, sociales, personales y profesionales del bilingüismo son innegables. El bilingüismo y el multilingüismo ahora son considerados una ventaja, no solamente por sus virtudes culturales, sino también por su capacidad para formar ciudadanos globales. Que no haya duda alguna: la educación bilingüe debería estar disponible para todo niño en Estados Unidos y el resto de mundo.

La Revolución Bilingüe se construyó sobre los cimientos que forjaron los padres. Ahora este poder está en tus manos. El plan y las historias que se presentan en este libro son para ti. Aprende de los éxitos y de los fracasos. Úsalos para inspirar e involucrar a tu comunidad. Y en todo momento recuerda que te respalda un movimiento global que cree en el poder del bilingüismo. Con sincero optimismo y esperanza, quiero pasarte orgullosamente la antorcha de la Revolución Bilingüe. Quizás el futuro de la educación esté escrito en dos lenguas, pero nosotros somos quienes tenemos que crearlo.

APÉNDICE

El plan (sintetizado)

Este es un plan sintetizado para los padres interesados en abrir un programa dual de lengua en una escuela pública. Ellos pueden marcar la diferencia en sus comunidades con estas iniciativas, independientemente del lugar donde estén ubicados.

Este plan se divide en tres fases:

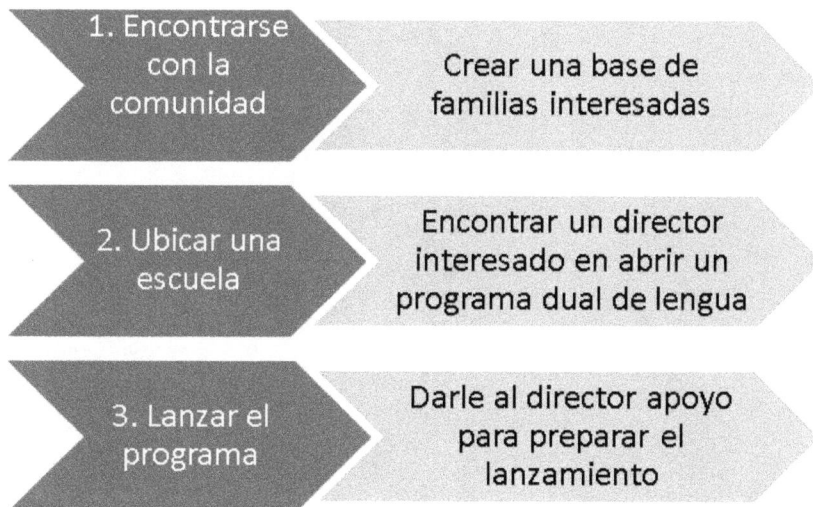

1. Encontrarse con la comunidad	Crear una base de familias interesadas
2. Ubicar una escuela	Encontrar un director interesado en abrir un programa dual de lengua
3. Lanzar el programa	Darle al director apoyo para preparar el lanzamiento

Fase Uno
Encuentro con la comunidad:
La creación de una base de familias interesadas

Para que esto funcione necesitarás ponerte en contacto con docenas, si no es que con centenas de individuos de tu comunidad para formar una base de familias interesadas. Puedes empezar formando un grupo base de padres a los que conozcas y en quienes confíes. Estos padres participarán en tu visión compartida, incluso si no tienen niños que puedan beneficiarse con la iniciativa.

Si al iniciar tu proyecto todavía no tienes un idioma objetivo en mente, pero estás interesado en la educación dual de la lengua como una manera de educar a tus hijos, es preferible que investigues acerca del patrimonio lingüístico de tu comunidad para evaluar el apoyo que podrías recibir. Será esencial que entiendas los matices culturales con los que una comunidad específica juzgará tu propuesta, pero identificar socios y emprendedores educativos en el interior de la cultura objetivo también facilitará tu proyecto porque te permitirá presentarlo de una forma que normalmente es más accesible para la comunidad o de la manera que esta sencillamente prefiere.

Estas son algunas de las maneras en que puedes llegar a las familias interesadas:

- Haz un anuncio público a través de redes sociales, blogs comunitarios y de padres, cartas, volantes, posters o de boca en boca. Explica que estás buscando gente interesada en ayudarte a establecer un programa dual en una lengua específica.
- Busca redes comunitarias ya existentes de negocios, centros religiosos y centros comunitarios; y también busca niños que sean hablantes nativos de otra lengua, dentro de los parámetros de tu distrito escolar.
- Cuando vayas a reuniones o asistas a presentaciones, distribuye una carta o volante.
- Contacta en tu localidad a preescolares, guarderías, programas Head-Start, escuelas privadas, escuelas de idiomas, centros culturales, instituciones religiosas, asociaciones de padres, y agencias urbanas que apoyen a familias.
- Entabla conversaciones con otros padres en las áreas de juegos de los parques infantiles, en tiendas, supermercados y escuelas en las que las familias podrían estar buscando opciones para los hermanitos menores.
- Usa prendas, sombreros o insignias que despierten la curiosidad de otros padres.

Una vez que tu grupo haya reunido suficientes voluntarios podrás empezar a organizar comités para repartir las distintas tareas. Se pueden organizar varios comités, como un comité de encuentro y comunicación con la comunidad; un comité para la búsqueda de escuela; y un comité de apoyo para el plan de estudios. Dependiendo de las necesidades urgentes de la iniciativa, también es posible crear e incluir comités adicionales en varias etapas del proceso. Por ejemplo, puede necesitarse un comité de reclutamiento de maestros; un comité para recaudación de fondos; o un comité para el programa después de clases, por nombrar algunos cuantos.

Recolección de datos

Tu comité de encuentro y comunicación con la comunidad deberá enfocarse en reunir información de la familia relacionada con:

- Número de familias interesadas en el programa.
- Idiomas hablados en casa e idiomas que los niños entienden.
- Fechas de nacimiento de los niños y fecha probable de ingreso a la primaria.
- Distrito o zona escolar de la familia.

Esta información te ayudará a determinar si el programa dual de lengua que apoyarás será de una vía o de dos vías:

- De una vía: un solo grupo de niños que hablan el mismo idioma y reciben enseñanza en otro.
- De dos vías: dos grupos de niños divididos en un grupo cuya lengua natal es el idioma objetivo del programa, y otro grupo cuya lengua natal sea el idioma oficial o nacional, en este caso, el inglés.

Esta decisión se basará en la cantidad de hablantes nativos que logres que se inscriban. Para definir la cifra meta de estudiantes necesitarás verificar el número promedio de niños inscritos en un grado de ingreso en tu distrito escolar y la orden bajo la que opera el distrito en lo referente a hablantes no nativos de la lengua nacional u oficial.

Por esta razón, tu investigación necesitará:

- Determinar el número de niños por distrito o zona escolar considerados hablantes no nativos o Aprendices de Inglés.
- Determinar el número de niños, por distrito o zona escolar, considerados bilingües.
- Determinar el número de niños, por distrito o zona escolar, considerados hablantes nativos de la lengua nacional u oficial (en este caso el inglés), que no tengan conocimientos del idioma objetivo, pero

cuyas familias estén comprometidas con la educación dual de lengua en el idioma objetivo que ya fijaste.

Esta información te ayudará a explicar la manera en que tu programa dual de lengua satisfará distintas necesidades. Hacer esto también podría ayudarte a garantizar financiamiento adicional de agencias estatales u organizaciones filantrópicas, en especial de las que apoyan a los Aprendices del Idioma Inglés.

Con frecuencia, las inscripciones potenciales comenzarán con una base grande, pero para el día de la inauguración ya sólo habrá un grupo pequeño. Por esto es recomendable que reclutes más estudiantes de los necesarios para abrir un programa bilingüe en tus escuelas locales.

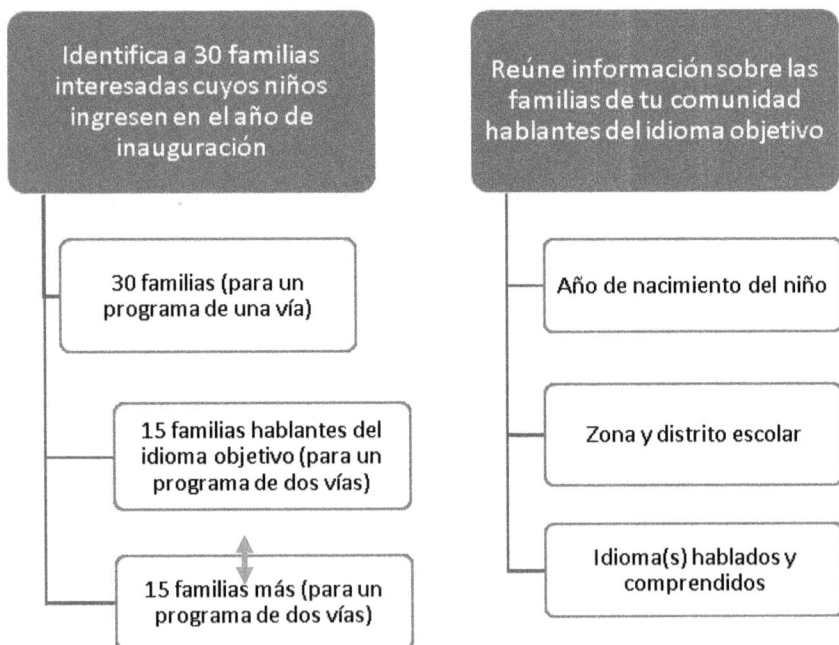

Identifica a 30 familias interesadas cuyos niños ingresen en el año de inauguración	Reúne información sobre las familias de tu comunidad hablantes del idioma objetivo
30 familias (para un programa de una vía)	Año de nacimiento del niño
15 familias hablantes del idioma objetivo (para un programa de dos vías)	Zona y distrito escolar
15 familias más (para un programa de dos vías)	Idioma(s) hablados y comprendidos

El enlace y encuentro con la comunidad

Una de las tareas más importantes que se deben llevar a cabo en una etapa temprana de la iniciativa es la creación de una base de respaldo en la comunidad, la cual podría incluir a individuos influyentes, funcionarios elegidos y organizaciones de apoyo.

Esto implica:

- Asistir a reuniones comunitarias e informar al público sobre la iniciativa.
- Hacer una cita con funcionarios escolares (incluyendo a los del Departamento de Educación, la Superintendencia del Distrito, la Oficina de Estudiantes de Lengua, etcétera), para mostrarles tu información y responder preguntas.
- Incluir a los directores en estos encuentros y evaluar la forma en que entienden la educación dual de lengua.
- Acercarte a los consejos de educación de la comunidad, las juntas escolares, consejos comunitarios y a miembros de consejos locales.
- Organizar pequeñas reuniones en casa o en espacios públicos como cafeterías, restaurantes o panaderías locales para que expliques tus ideas, midas el interés o reclutes a familias en potencia. En el caso de una reunión de este tipo, puedes invitar a uno o a todos los interesados mencionados anteriormente para que den un discurso o hagan comentarios.
- Conectarte con embajadas, consulados, cónsules honorarios, centros culturales que atienden a una lengua o un país, fundaciones enfocadas en la educación o en el desarrollo de las comunidades, oficinas de turismo, cámaras de comercio que atiendan negocios desde dos o más países, así como sociedades y federaciones culturales y de patrimonio.

Apoyo para el plan de estudios

Tu comité de apoyo para el plan de estudios puede proveerte asistencia en varias etapas del proceso con las siguientes tareas:

- Recopilar y compartir información sobre los beneficios de la educación dual de lengua a través de sesiones de información con los padres de la comunidad.
- Organizar visitas de campo para conocer los programas duales existentes, determinar las mejores prácticas y ver de primera mano cómo se maneja un programa.
- Interactuar con programas ya establecidos para hacer preguntas sobre la lealtad y el involucramiento de los padres, sustentabilidad, recaudación de fondos, y necesidades en cuanto a fuentes, maestros y apoyo administrativo.
- Invitar y reunirse con padres que ya hayan logrado establecer un programa dual de lengua, para aprender de sus experiencias.

Fase 2
Desarrollar una lógica convincente
y ubicar una escuela anfitriona

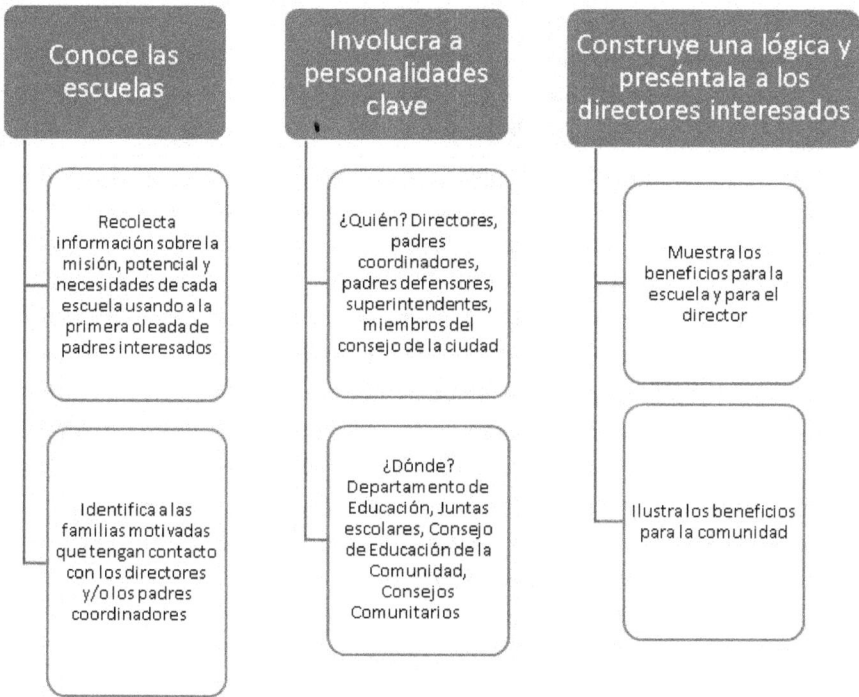

Conoce las escuelas	Involucra a personalidades clave	Construye una lógica y preséntala a los directores interesados
Recolecta información sobre la misión, potencial y necesidades de cada escuela usando a la primera oleada de padres interesados	¿Quién? Directores, padres coordinadores, padres defensores, superintendentes, miembros del consejo de la ciudad	Muestra los beneficios para la escuela y para el director
Identifica a las familias motivadas que tengan contacto con los directores y/o los padres coordinadores	¿Dónde? Departamento de Educación, Juntas escolares, Consejo de Educación de la Comunidad, Consejos Comunitarios	Ilustra los beneficios para la comunidad

Al final de su trabajo colaborativo, los distintos comités deberán estar preparados para presentar la información a un director, y luego a la comunidad escolar. Antes de acercarte al director para presentarle tu idea, es recomendable que diseñes una estrategia local y que armes un argumento persuasivo que te ayude a convencerlo, a él o a ella, y a todos los administradores involucrados, de la importancia de tu propuesta.

Entre los argumentos a favor de los programas duales de lengua, puedes encontrar lo siguiente:

- Un director nuevo podría estar en busca de reconocimiento, y un programa como este sería una manera concreta de dejar un legado para la escuela e incluso para la comunidad.
- Un programa bilingüe exitoso puede darle una buena cantidad de visibilidad positiva a una escuela, mejorar su reputación y atraer nuevas fuentes de financiamiento.
- Los programas duales de lengua les ofrecen a los niños de la comunidad el perdurable regalo de hablar una segunda lengua.
- Los programas les ayudan a las familias inmigrantes de segunda o tercera generación, a salvaguardar su lengua y su patrimonio cultural, y compartirlos con sus niños.
- Familias profundamente motivadas se unen a la escuela cada año y traen consigo la disposición de ayudar de muchas maneras que van desde recaudar fondos hasta facilitar actividades en toda la escuela.
- Las familias bilingües también pueden presentarle a la comunidad escolar actividades de enriquecimiento cultural en los ámbitos del arte, la música y la gastronomía, y aprovecharán sus contactos para ayudar a: establecer sólidos programas para el horario después de clase, abrir mejores cafeterías, organizar excursiones y visitas gratificantes, concertar pasantías, y muchas cosas más.
- Los programas duales de lengua pueden darle una nueva identidad a una escuela abierta recientemente o a una escuela mal aprovechada con aulas vacías.
- Contar con más opciones de calidad en un distrito también puede servir para mitigar los efectos negativos de la sobrepoblación en escuelas competitivas bien establecidas, ya que dichas opciones pueden atraer más familias de clase media a escuelas que por el momento se encuentran en desventaja, y porque permiten explorar las ventajas de la integración socioeconómica que los programas duales de lengua podrían desencadenar.
- A veces, los distritos escolares o el Departamento de Educación ofrecerán subvenciones para planeamiento, desarrollo de planes de

estudio y para el desarrollo profesional de los maestros y el personal.

- La ayuda financiera y logística adicional también podría llegar a la escuela a través de socios y organizaciones que tengan un interés particular en las lenguas que se ofrecen o en las poblaciones a las que la institución atiende. Es el caso de las embajadas, los consulados, ciertos negocios y fundaciones.

Cuando consigas una cita con un director escolar deberás presentar los datos y el proyecto de una manera muy profesional. Deberás explicar que los beneficios para los niños y la comunidad son el elemento central de tu iniciativa. Ofrece documentos que muestren en detalle, por año y por zona escolar, la demografía de las familias que se inscribirían. Explica las modalidades para obtener una subvención para programas duales de lengua por parte del Departamento de Educación o de otros socios externos. Después de la reunión con el director responsable, invita a las otras figuras clave a mostrar su apoyo, en especial a los otros padres, maestros y miembros de la comunidad. Luego contacta a funcionarios gubernamentales extranjeros, funcionarios elegidos y donadores. Si sigues estos pasos, podrás armar un caso verdaderamente sólido para tu proyecto, y con eso, también te ganarás la confianza de una comunidad de padres y educadores que, trabajando en equipo, serán capaces de construir un exitoso programa dual de lengua.

Fase 3
Construir un programa dual de lengua exitoso desde el primer día

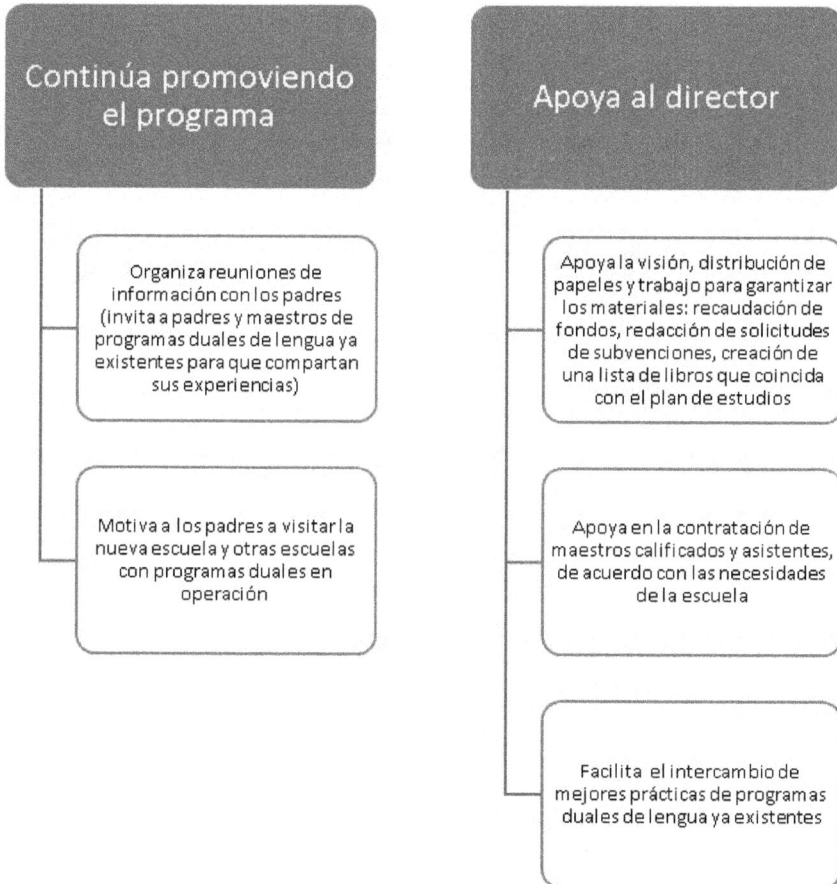

Continúa promoviendo el programa

Organiza reuniones de información con los padres (invita a padres y maestros de programas duales de lengua ya existentes para que compartan sus experiencias)

Motiva a los padres a visitar la nueva escuela y otras escuelas con programas duales en operación

Apoya al director

Apoya la visión, distribución de papeles y trabajo para garantizar los materiales: recaudación de fondos, redacción de solicitudes de subvenciones, creación de una lista de libros que coincida con el plan de estudios

Apoya en la contratación de maestros calificados y asistentes, de acuerdo con las necesidades de la escuela

Facilita el intercambio de mejores prácticas de programas duales de lengua ya existentes

Una vez que cuentes con el apoyo del director, tú y tu grupo podrán enfocar su atención en varios aspectos relevantes:

- Lo más importante es que tendrán que asegurarse de contar con el número de familias requeridas y encontrar la forma de garantizar que inscribirán a sus niños en el programa.
- Si aún hay espacio disponible, organiza visitas a la escuela y ofrece presentaciones durante los eventos escolares para reclutar a más familias.
- Continúa promoviendo el programa.
- Organiza reuniones constantes de información para los padres.
- Invita a padres y profesores de programas duales de lengua ya existentes para que compartan sus experiencias.

También hay varias maneras en las que puedes ayudar al director:

- Asegúrate de conseguir los materiales que necesitarán los maestros en los primeros meses tras el lanzamiento del programa.
- Comparte las mejores prácticas tomadas de programas duales ya establecidos que hayas descubierto en tus visitas e interacciones con otras escuelas.
- Investiga sobre los libros que coinciden con el plan de estudios y prepara listas de artículos que pueden adquirir la escuela o los otros padres y patrocinadores.
- Tal vez necesites ayudar al director con el proceso de reclutamiento porque encontrar maestros bilingües y asistentes de enseñanza competentes y calificados, suele ser una tarea difícil.
- Quizá también te pidan que ayudes a traducir e interpretar durante las entrevistas, y que des tu opinión respecto a la capacidad en la lengua de los candidatos.

El comité de recaudación de fondos puede empezar a llevar a cabo varias tareas:

- Organizar eventos y redactar convocatorias para solicitar donaciones para el aula de enseñanza dual de lengua, la biblioteca y la escuela en general.
- Contratar a un especialista o asesor especializado en programas duales que tenga la capacidad necesaria para entrenar a maestros y asistentes, desarrollar un plan de estudios, y obtener materiales de enseñanza de proveedores nacionales o internacionales.
- Ayudar a redactar propuestas para la solicitud de subvenciones para obtener fondos adicionales de las agencias del distrito, estatales y federales; de fundaciones y de gobiernos extranjeros.

Fuentes

thebilingualrevolution.info

- Únete a la comunidad, contribuye, apoya
- Ten acceso a videos, testimonios y sugerencias de lectura
- Inscríbete al boletín de la Revolución Bilingüe
- Descarga fuentes como presentaciones y folletos listos para usar o fáciles de personalizar
- Ubica los programas existentes
- Identifica a los compañeros revolucionarios cercanos a ti y forma un nuevo grupo
- Ordena posters y materiales
- Inscríbete a webinarios
- Obtén acceso a los expertos
- Patrocina una traducción de este libro
- Compra libros al mayoreo para ferias del libro, eventos y conferencias

NOTAS

De la Introducción

[1] Harris, Elizabeth A., "New York City Education Department to Add or Expand 40 Dual-Language Programs.", *The New York Times*, enero 14, 2015.

[2] Para más información sobre mandatos y políticas de educación bilingüe por estado, visitar el sitio de Internet de New America.

[3] U.S. Department of Education, "Dual-Language Education Programs: Current State Policies and Practices"

Notas del Capítulo 1

[4] Los siguientes precedentes legales han tenido un impacto significativo en la educación bilingüe en Estados Unidos, y en el otorgamiento, a niños con destreza limitada en el inglés, del derecho a recibir educación en su lengua materna y en este idioma: *Meyer v. Nebraska; Lau v. Nichols; Serna v. Portales; Aspira v. N.Y. Board of Education; Keyes v. School District No.1, Denver, Colorado; Flores v. Arizona; Castaneda v. Pickard.* Leer, asimismo, "The Bilingual Education Act" y "No Child Left Behind", que también han tenido un impacto en la educación bilingüe.

[5] Para más información sobre este tema, leer *L'éducation bilingue en France : politiques linguistiques, modèles et* pratiques, de Christine Hélot & Jürgen Erfurt.

[6] Helen Ó Murchú, The Irish Language in Education in the Republic of Ireland.

[7] Canadian Parents for French, "The State of French-Second-Language Education in Canada 2012: Academically Challenged Students and FSL Programs".

[8] Entrevista con Robin Sundick. Director de la escuela pública 84. Julio 10, 2015.

[9] Para saber más sobre este tema, leer Thomas & Collier, "The Astounding Effectiveness of Dual-Language Education for All".

[10] Entrevista con Heather Foster-Mann, directora de la escuela pública 133. Fragmento tomado de un reporte de la Embajada Francesa sobre programas duales de lengua en francés en Estados Unidos.

[11] Entrevista con Marie Bouteillon, antigua maestra de la escuela pública 58 y asesora en programas duales de lengua y en el diseño de planes de estudio. Mayo 19, 2016.

[12] Por ejemplo, una organización 501 (3) en Estados Unidos que es una organización sin fines de lucro con exención fiscal, puede recibir contribuciones de individuos, corporaciones y sindicatos de forma ilimitada. El tipo más común de organización sin fines de lucro con exención fiscal entra en la categoría 501(c) (3) del Código de Impuestos Internos de Estados Unidos, en el que se estipula que una organización está exenta del impuesto federal sobre la renta si sus actividades tienen los siguientes propósitos: caridad, fomento de competencias deportivas amateur, o prevención de la crueldad con niños o animales.

[13] Entrevista con Gretchen Baudenbacher, madre y presidenta PTA en la escuela pública 110. Marzo 1, 2016.

Notas del Capítulo 2

[14] Entrevista con Yuli Fisher. Enero 26, 2016.

[15] Escuelas Verdugo Woodlands Elementary y Dunsmore Elementary en el distrito escolar Glendale Unified.

[16] Entrevista con Aya Taylor, especialista de programa en el distrito escolar Glendale Unified. Enero 22, 2016.

[17] Entrevista con Jeffrey Miller, director de Educación y Programas Familiares de Japan Society. Enero 19, 2016.

[18] Entrevista con Yumi Miki, madre y cofundadora de la iniciativa del Programa Dual de Lengua en japonés. Enero 19, 2016.

[19] Entrevista con Hee Jin Kan, madre y cofundadora del Programa Dual de Lengua en japonés. Febrero 2, 2016.

[20] Entrevista con Yuli Fisher. Enero 26, 2016.

[21] *Ibid.*

[22] Entrevista con Monica Muller, madre de la escuela pública 147 y cofundadora del Programa Dual de Lengua en japonés. Febrero 23, 2016.

[23] 501 (c)3 Ver discusión y definición en el Capítulo 3.

[24] Entrevista con Mika Yokorobi, madre de la escuela pública 147. Enero 15, 2016.

Notas del Capítulo 3

[25] Entrevista con Marcello Lucchetta. Enero 25, 2016.

[26] *Ibid.*

[27] Entrevista con Jack Spatola, director de la escuela pública 172. Marzo 9, 2016.

[28] Entrevista con Joseph Rizzi, director de programa en la Federación de Organizaciones Italoamericanas. Noviembre 13, 2016.

[29] Entrevista con Louise Alfano, directora de la escuela pública 112. Noviembre 13, 2016.

[30] Fragmento de Rachel Silberstein, "New York's First Italian Dual-Language Preschool Coming to Bensonhurst" (Bensonhurst Bean).

Notas del Capítulo 4

[31] Entrevista con Gabi Hegan, fundadora de CityKinder. Febrero 19, 2016.

[32] Entrevista con Sylvia Wellhöfer. Enero 29, 2016.

[33] *Ibid.*

Notas del Capítulo 5

[34] "Out of many, one" ("De muchos, uno", lema de Estados Unidos).

[35] American Community Survey 2015.

[36] Entrevista con Tatyana Kleyn, profesora de educación bilingüe del City College de Nueva York. Marzo 11, 2016.

[37] I.S. son las siglas de "intermediate school", escuela intermedia, institución que atiende a los grados 6, 7 y 8.

[38] Entrevista con Maria Kot, antigua madre de la escuela pública 200. Marzo 4, 2016

[39] *Ibid.*

[40] Entrevista con Julia Stoyanovich y Olga Ilyashenko, Febrero 25, 2016

Notas del Capítulo 6

[41] French Morning y France-Amérique

[42] Para más información sobre esta historia, ver Jane Ross y Fabrice Jaumont, "Building bilingual communities: New York's French bilingual revolution".

[43] Amy Zimmer, "How school's French dual-language programs are changing NYC neighborhoods. DNA Info". Mayo 26, 2015.

[44] Entrevista con Virgil de Voldère, padre de la escuela pública 84. Abril 10, 2013.

[45] Entrevista con Talcott Camp, madre de la escuela pública 84. Junio 10, 2016.

[46] La Société des Professeurs de Français et Francophones d'Amérique, fundada en 1904, apoya a los maestros e investigadores interesados en el idioma francés y en las culturas francófonas.

[47] FACE, fundada en 1955, es una organización sin fines de lucro 501 (c)3 dedicada a nutrir las relaciones franco-estadounidenses a través de innovadores proyectos internacionales en los campos de las artes, la educación y el intercambio cultural. FACE se alberga en los Servicios Culturales de la Embajada de Francia en Nueva York y es supervisada por un Consejo de Administración; atiende a una extensa red de patrocinadores a través de sus programas basados en filmes y les provee apoyo a varias iniciativas por medio de su asociación con los Servicios Culturales de la Embajada de Francia.

[48] Kirk Semple, "A big advocate of French in New York's schools: France", *The New York Times*, enero 30, 2014.

[49] Internationals Network for Public Schools es una organización educativa sin fines de lucro que apoya a las preparatorias y academias internacionales, y atiende a los inmigrantes recién llegados que aprenden

inglés en Nueva York, California, Kentucky, Maryland, Virginia y Washington D.C. Internationals Network también colabora con otras escuelas y distritos en todo el país.

Notas del Capítulo 7

[50] Donna Nevel, "The Slow Death of Khalil Gibran International Academy", Chalkbeat.

[51] *Ibid.*

[52] Andrea Elliot, "Muslim educator's dream branded a threat in the U.S., *The New York Times.*

[53] Tomado del sitio de Internet de la escuela el 26 de octubre de 2016.

[54] Randa Kayyali, "The people perceived as a threat to security: Arab Americans since September 11".

[55] Entrevista con Zeena Zakharia. Junio 23, 2016.

[56] *Ibid.*

[57] Entrevista con Carine Allaf, Directora de Programas de Qatar Foundation International. Febrero 2, 2016.

[58] Entrevista con Mimi Met, asesora independiente. Marzo 8, 2016.

[59] "Our Mission", tomado del sitio de Internet de la organización el 10 de agosto de 2016.

[60] *Ibid.*

[61] Tomado del sitio de Internet "I Speak Arabic". Agosto 5, 2016.

[62] Karen Zeigler y Steven Camarota, "One in five U.S. Residents speaks foreign language at home".

[63] Entrevista con Carol Heeraman, directora de la escuela pública /escuela intermedia 30. Marzo 8, 2016.

Notas del Capítulo 8

[64] American Community Survey, 2015.

[65] William Galush "For more than bread: Community and identity in American Polonia, 1880-1940".

[66] Christopher Gongolski y Michael Cezarczyk, "Two languages, one

home", *Greenpoint News*.

⁶⁷ Entrevista con Julia Kotowski, madre de la escuela pública 34. Junio 16, 2016.

⁶⁸ Entrevista con Elizabeth Czastkiewicz, maestra de kínder en la escuela pública 34. Junio 16, 2016.

⁶⁹ Entrevista con Carmen Asselta, directora de la escuela pública 34. Junio 16, 2016.

⁷⁰ Entrevista con Elizabeth Czastkiewicz, maestra de kínder en la escuela pública 34. Junio 16, 2016.

⁷¹ Entrevista con Alicja Winnicki, superintendente del Distrito 14. Junio 6, 2016.

⁷² Entrevista con Julia Kotowski, madre de la escuela pública 34. Junio 16, 2016.

⁷³ Entrevista con Carmen Asselta, directora de la escuela pública 34. Junio 16, 2016.

⁷⁴ Entrevista con Alicja Winnicki, superintendente del Distrito 14. Junio 6, 2016.

⁷⁵ *Ibid.*

Notas del Capítulo 9

⁷⁶ Entrevista con Ofelia García, profesora de CUNY Graduate School. Junio 14, 2016.

⁷⁷ Entrevista con Carmen Dinos. Mayo 19, 2015.

⁷⁸ *Ibid.*

⁷⁹ Milady Báez, NYC vicerrectora escolar, discurso inaugural de la reunión del Programa dual de lengua en ruso en Columbia University, Nueva York. Mayo 12, 2016.

⁸⁰ *Ibid.*

⁸¹ La rectora Fariña del Departamento of Educación de NYC, nombra a 15 escuelas como "Escuela con programa dual de lengua modelo".

⁸² Tomado del sitio de Internet de la escuela el 20 de agosto de 2016.

⁸³ Carla Zanoni, "Principal Miriam Pedraja teaches uptown children two languages at a time", Chalkbeat.

⁸⁴ Entrevista con Maria Maya, madre fundadora y directora de Cypress

Hills Community School. Septiembre 19, 2016.

[85] Para más información sobre esta escuela, leer Laura Ascenzi-Moreno y Nelson Flores, "A Case Study of Bilingual Policy and Practices at the Cypress Hills Community School".

[86] "U.S. News Report High School Rankings: High School for Dual Language and Asian Studies", tomado del sitio de Internet U.S. News, el 23 de agosto de 2016.

[87] "Mission", tomado del sitio de Internet de la escuela el 23 de agosto de 2016.

[88] Fragmento de Castellón, M., Cheuk, T., Greene, R., Mercado-García D., Santos, M., Skarin, R., Zerkel, L., "Schools to Learn from: How Six High Schools Graduate English Language Learners College and Career Ready".

Notas del Capítulo 10

[89] Entrevista con Ron Woo, profesor de Bank Street College y asesor de NYU Metropolitan Center for Research on Equity and the Transformation of Schools. Junio 16, 2015.

[90] The China Institute in America es una organización educativa y cultural sin fines de lucro en la Ciudad de Nueva York. Fue fundada en 1926 por un grupo de distinguidos educadores estadounidenses y chinos, entre ellos, John Dewey, Hu Shih, Paul Monroe y Dr. Kuo Ping-wen. Es la organización bicultural dedicada a China más antigua en Estados Unidos.

[91] Fundada en 1956 por John D. Rockefeller 3rd. Asia Society es la organización educativa líder dedicada a la promoción del entendimiento mutuo y el fortalecimiento de la asociación entre la gente, los líderes e instituciones de Asia y Estados Unidos en el contexto global.

[92] Entrevista con Li Yan, director de The High School for Dual Language and Asian Studies, septiembre 14, 2016.

[93] Entrevista con Ron Woo, profesor de Bank Street College y asesor de NYU Metropolitan Center for Research on Equity and the Transformation of Schools. Junio 16, 2015.

[94] Entrevista con Thalia Baeza Milan, tomada de Patrick Wall, "City to add dozens of dual-language programs as they grow in popularity",

Chalkbeat.

[95] Fragmento tomado de Castellón, M., Cheuk, T., Greene, R., Mercado-García, D., Santos, M., Skarin, R., Zerkel, L., "Schools to Learn from: How Six High Schools Graduate English Language Learners College and Career Ready".

[96] Para más información, actualizaciones, fuentes y ejemplos de este tema, visitar la página oficial de Internet de The Bilingual Revolution.

Notas del Capítulo 11

[97] Quisiera expresar mi gratitud a los padres de la iniciativa del Programa Dual de Lengua Downtown French, a los padres y maestros de la escuela pública 84 en Manhattan y la escuela pública 58 en Brooklyn, los miembros de Éducation en Français à New York, los fundadores de La Petite Ecole, y la oficina de educación de la Embajada de Francia. Asimismo, agradecemos a los padres de las iniciativas para los Programas Duales de Lengua en japonés, alemán, italiano, francés y ruso presentados en los siguientes capítulos, quienes compartieron su versión del plan o ayudaron a mejorar la versión original.

[98] Las cifras citadas en este texto reflejan las de la Ciudad de Nueva York, en donde las escuelas aceptan un máximo de dieciocho niños por grupo en prekínder, aproximadamente veinticuatro niños por grupo de kínder, y más de treinta en los grupos de secundaria.

[99] Part 154, servicios para alumnos con habilidad limitada en inglés. Subpart 154-1, servicios para alumnos con habilidad limitada en inglés para programas operados antes del año escolar 2015-2016.

[100] Se ofrecen varios ejemplos en el sitio de Internet oficial de The Bilingual Revolution.

[101] Head Start es un programa del Departamento de Salud y Servicios Humanos de Estados Unidos que ofrece educación, salud y nutrición integrales para la primera infancia, así como servicios de participación de los padres para niños de escasos recursos y sus familias.

Notas del capítulo 12

[102] Para más información sobre este tema, leer François Grosjean, "Bilingual: Life and Reality".

[103] Esta entrevista la puede ver en línea: "Life as Bilingual: A Conversation with François Grosjean by Fabrice Jaumont".

[104] Para más información sobre este tema, leer François Grosjean, "Bilingual: Life and Reality".

[105] Para más información sobre este tema, leer Daniel Goleman, "The Brain and Emotional Intelligence: New Insights".

[106] Sobre este tema, leer Kenneth Robinson, "Creative schools: The grassroots revolution that's transforming education".

[107] Sobre este tema se hace referencia a varios estudios en la sección bibliográfica del libro, en especial, Leikin (2012); Lauchlan, Paris y Fadda (2013); Ricciardelli (1992).

[108] El concepto de la conciencia metalingüística se refiere a la habilidad de objetivar la lengua como un proceso y como un objeto producido por los seres humanos. Resulta útil explicar la ejecución y la transferencia del conocimiento lingüístico en los idiomas (por ejemplo, el cambio de código, así como la traslación entre los individuos bilingües).

[109] Para más lecturas sobre este tema, consultar Wayne Thomas, Virginia Collier, Colin Baker, Margarita Espino Calderón y Liliana Minaya-Rowe por nombrar algunos, quienes han llevado a cabo una excelente labor al demostrar la eficacia de la educación de los programas duales de lengua. Sus estudios están enlistados en la sección bibliográfica del libro.

[110] Para más sobre este tema, consultar Wayne Thomas y Virginia Collier, "The Astounding Effectiveness of Dual-Language Education for All".

[111] The American Council on the Teaching of Foreign Languages ofrece una lista de estudios sobre los beneficios del aprendizaje de idiomas.

[112] Para más información sobre este tema, leer Wayne Thomas y Virginia Collier, "The Astounding Effectiveness of Dual-Language Education for All".

[113] Sobre este tema existen varios estudios llevados a cabo por Ana Inés Ansaldo y Landa Ghazi-Saidi, a los cuales se hace referencia en la sección bibliográfica del libro.

[114] Ver, por ejemplo, los estudios de Nicoladis y Genesee (1998); Cameau, Genesee y Lapaquette (2003), a los cuales se hace referencia en la sección bibliográfica del libro.

[115] Ver, por ejemplo, Greene (1998), Thomas y Collier (2004), o Willig (1985).

[116] Para más información sobre este tema, leer Ofelia García, "Bilingual Education in the 21st Century: A Global Perspective".

Notas del Capítulo 13

[117] Para más información visitar el sitio de Internet de Center for Applied Linguistics.

[118] U.S. Department of Education's Office of English Language Acquisition. Dual-Language Education Programs: Current State Policies and Practices.

[119] En 1974 ASPIRA firma un decreto de acuerdo extrajudicial con la Junta de Educación de la Ciudad de Nueva York que garantizó que a los Aprendices del Idioma Inglés se les proveyera educación bilingüe. Gracias a esto los Aprendices recibirían acceso igualitario a todos los programas y servicios escolares que se les ofrecen a los Estudiantes de Idiomas que no son Inglés, incluyendo el acceso a programas obligatorios para la titulación. Para más información sobre este tema, leer De Jesús y Pérez, "From Community Control to Consent Decree: Puerto Ricans organizing for education and language rights in 1960s and 1970s New York City". Leer también Reyes, Luis, "The Aspira Consent Decree. A Thirtieth-Anniversary Retrospective of Bilingual Education in New York City", *Harvard Educational Review*, edición de otoño 2006.

[120] Caso número 72-6520 de la Suprema Corte de Estados Unidos.

[121] Para más información sobre este tema, leer Cathleen Jo Faruque, "Migration of the Hmong to the Midwestern United States".

[122] Minnesota también está entre los estados que consideran que fomentar la diversidad y apoyar a los hablantes no nativos del inglés es una ventaja, y como resultado, el estado ha extendido activamente los programas bilingües para estudiantes, y ha provisto importantes recursos a los maestros bilingües en el salón de clases.

[123] Sobre este tema, leer Kathleen Stein-Smith, "The U.S. Foreign Language Deficit. Strategies for Maintaining a Competitive Edge in a Globalized World".

[124] "El FBI no le dedicó suficientes recursos a la vigilancia y necesidad de traducción de los agentes antiterroristas. No tenía suficientes traductores acreditados en árabe y otros idiomas clave, lo que tuvo como resultado una importante acumulación de material interceptado no traducido". Fragmento tomado de la página 77 de "The 9/11 Commission Report — National Commission on Terrorist Attack upon the United States". Julio 22, 2004.

[125] Para más información sobre este tema, leer James Crawford, "Bilingual Education: History, Politics, Theory and Practice", Trenton, Nueva Jersey: Crane Publishing Company.

[126] Para más información sobre este tema, visitar la página principal de ACLU American Civil Liberties Union, "English Only".

[127] Para más información sobre este tema, visitar las bases de datos y los directorios accesibles de CAL sobre programas de inmersión en idiomas extranjeros en escuelas, programas de idiomas heredados, y los programas de inmersión de doble vía en Estados Unidos.

[128] David McKay Wilson, Dual-Language Programs on the Rise. "Enrichment" model puts content learning front and center for ELL students.

[129] Senado de Utah, International Education Initiatives — Critical Languages (Senate Bill 41).

BIBLIOGRAFÍA

BIBLIOGRAFÍA

Referencias y obras citadas en el Prólogo
La educación bilingüe: Cómo dar vuelta en "U"
con los padres y las comunidades
por Ofelia García

Castellanos, D. L., *The Best of two worlds: Bilingual-bicultural education in the U.S.*, New Jersey, Trenton, Nueva Jersey: State Dept. of Education, 1983.

Crawford, J., *Educating English learners: Language diversity in the classroom, Fifth Edition* (Quinta edición), Los Ángeles, California: Bilingual Education Services, Inc., 2004.

Crawford, J., *Educating English learners. Language diversity in the classroom, 5ᵗʰ ed. (anteriormente Bilingual education: History, politics, theory and practice)*, Los Ángeles, California: Bilingual Educational Services, 2004.

Del Valle, S., *Bilingual Education for Puerto Ricans in New York City: From Hope to Compromise*, Harvard Educational Review, *68*(2), 1998, 193–217.

Del Valle, S., *Language rights and the law in the United States*, Clevedon, Reino Unido: Multilingual Matters, 2003.

Epstein, N., *Language, Ethnicity and the Schools: Policy alternatives for bilingual-bicultural education*, Washington, D.C.: Institute for Educational Leadership, 1977.

Flores, N., "A tale of two visions: Hegemonic whiteness and bilingual education", *Educational Policy, 30*, 2016, 13–38.

Flores, N., García, O. (próximamente), "A critical review of bilingual education in the United States: From Basements and pride to boutiques and profit", *Annual Review of Applied Linguistics*.

García, O., *Bilingual education in the 21st century: A Global perspective*, Malden, Massachusetts: John Wiley & Sons, 2011.

García, O., Fishman, J.A. (Eds.); *The Multilingual Apple. Languages in New York City*, (Segunda edición), Berlín, Alemania: Mouton de Gruyter, 2001.

García, O., Li Wei, *Translanguaging: Language, bilingualism and education*, Londres, Reino Unido: Palgrave Macmillan Pivot, 2014.

Lindholm-Leary, K. J., *Dual language education*, Clevedon, Reino Unido: Multilingual Matters, 2001.

Menken, K., Solorza, C., "No Child Left Bilingual Accountability and the Elimination of Bilingual Education Programs in New York City Schools", *Educational Policy*, *28*(1), 2014, 96–125.

Otheguy, R., García, O., Reid, W., "Clarifying translanguaging and deconstructing named languages: A perspective from linguistics", *Applied Linguistics Review*, *6*(3), 2015, 281–307.

Valdés, G., "Dual-language immersion programs: A cautionary note concerning the education of language-minority students", *Harvard Educational Review*, 67, 1997, 391-429.

Referencias y obras citadas en
La revolución bilingüe: el futuro de la educación está en dos idiomas
De Fabrice Jaumont

American Council on the Teaching of Foreign Languages. What the Research Shows. Studies supporting language acquisition. Visita 11 de julio, 2017.

American Civil Liberties Union (ACLU). ACLU Backgrounder on English Only Policies in Congress. Visita 21 de agosto, 2017.

Ansaldo, A.I., Ghazi Saidi, L., "Aphasia therapy in the age of globalization: Cross-linguistic therapy effects in bilingual aphasia" *Behavioural Neurology*, Volumen 2014, marzo, 2014.

Ansaldo, A.I., Ghazi-Saidi, L., Adrover-Roig, D., "Interference Control in Elderly Bilinguals: Appearances can be misleading", *Journal of Clinical and Experimental Neuropsychology* Volumen 37, edición 5, febrero de 2015, 455-470.

Ascenzi-Moreno, L., Flores, N., "A case study of bilingual policy and practices at the Cypress Hills Community School", en O. García, B. Otcu y Z. Zakharia (Eds.), *Bilingual Community Education and Multilingualism: Beyond Heritage Languages in a Global City*, Bristol, Reino Unido: Multilingual Matters, 219-231.

Aspira v. Board of Education of City of New York. 394 F. Supp. 1161 (1975).

August, D., Hakuta, K., Eds., *Improving Schooling for Language-Minority Children*, Washington, D.C.: National Academy Press, 1997.

Ball, J. *Educational equity for children from diverse language backgrounds: Mother tongue-based bilingual or multilingual education in the early years*, presentación en el Simposio Internacional de UNESCO, París, Francia: Translation and Cultural Mediation, febrero 2010.

Baker, C., *A parents' and teachers' guide to bilingualism,* Bristol, Reino Unido: Multilingual Matters, 2014.

Baker, C., *Foundations of bilingual education and bilingualism*, 3a edición, Clevedon, Reino Unido: Multilingual Matters, 2001.

Barac, R., Bialystok, E., Castro, D. C., Sanchez, M., "The cognitive development of young dual-language learners: A critical review", *Early Childhood Research Quarterly, 29* (4), 2014, 699–714.

Barrière, I., Monéreau-Merry, M.M., « Trilingualism of the Haitian Diaspora in NYC: Current and Future Challenges", en O. García, B. Otcu y Z. Zakharia, (Eds.), *Bilingual Community Education and Multilingualism: Beyond Heritage Languages in a Global City*, Bristol, Reino Unido: Multilingual Matters, 2012; 247-258.

Barrière, I., "The vitality of Yiddish among Hasidic infants and toddlers in a low SES preschool in Brooklyn", en W. Moskovich, (Ed.), Yiddish - *A Jewish National Language at 100*, Jerusalem-Kyiv: Hebrew University of Jerusalem, 2010; 170 – 196.

Brisk, M., Proctor, P., *Challenges and supports for English language learners in bilingual programs.* Trabajo presentando en Understanding Language Conference, Stanford University, Stanford, California, 2012.

Brisk, M. E., *Bilingual Education: From Compensatory to Quality Schooling*, Mahwah, Nueva Jersey: Lawrence Erlbaum Associates, 1998.

Calderón, M. E., Minaya-Rowe, L., *Designing and implementing two-way bilingual programs.* Thousand Oaks, California: Corwin Press, 2003

Canadian Parents for French, *The State of French-Second-Language Education in Canada 2012: Academically Challenged Students and FSL Programs*, 2012.

Cameau, L., Genesee, F., Lapaquette, L., "The modelling hypothesis and child bilingual code-mixing", *International Journal of Bilingualism,* 2003, 7.2:113-128

Castellón, M., Cheuk, T., Greene, R., Mercado-García, D., Santos, M., Skarin, R., Zerkel, L. (2015). *Schools to Learn from: How Six High Schools Graduate English Language Learners College and Career Ready.* Preparado para Carnegie Corporation of New York, Stanford Graduate School of Education. *Castaneda v. Pickard.* 648 F.2d 989; 1981.

Center for Applied Linguistics. Proyecto Two-Way Immersion Outreach.

Center for Applied Linguistics. Bases de datos y directorios.

Christian, D., "Two-way immersion education: Students learning through two languages", *The Modern Language Journal, 80*(1), 1996, 66–76.

Christian, D., "Dual-language education", en E. Hinkel (Ed.), *Handbook of research in second language teaching and learning, volume II*, Nueva York, NY: Routledge, 2011, 3–20.

Cloud, N., Genesee, F., Hamayan, E., *Dual-Language Instruction: A Handbook for Enriched Education.* Boston, Massachusetts: Heinle & Heinle, Thomson Learning, Inc., 2000.

Combs, M., Evans, C., Fletcher, T., Parra, E., Jiménez, A., "Bilingualism for the children: Implementing a dual-language program in an English-only state", *Educational Policy, 19*(5), 2005, 701–728.

Crawford, J., *Educating English learners. Language diversity in the classroom* (Fifth Ed.), Los Ángeles, California: Bilingual Educational Services, Inc., 2004.

Crawford, J., *Bilingual Education: History, Politics, Theory and Practice*, Trenton, Nueva Jersey: Crane Publishing Company, 1999.

Cummins, J., Swain, M., *Bilingualism in education: Aspects of theory, research and practice*, Londres: Longman, 1986.

De Jesús, A. Pérez, M., "From Community Control to Consent Decree: Puerto Ricans organizing for education and language rights in 1960s and 1970s New York City", *CENTRO Journal* 7 Volumen xx1, Número 2, otoño 2009.

de Jong, E., "L2 proficiency development in a two-way and a developmental bilingual program", *NABE Journal of Research and Practice*, 2(1), 2004, 77–108.

de Jong, E. J., "Program design and two-way immersion programs", *Journal of Immersion and Content-Based Language Education*, 2(2), 2014, 241–256.

de Jong, E. J., Bearse, C. I., "Dual-language programs as a strand within a secondary school: Dilemmas of school organization and the TWI mission", *International Journal of Bilingual Education and Bilingualism*, *17*(1), 2014, 15–31.

de Jong, E. J., Howard, E., "Integration in two-way immersion education: Equalising linguistic benefits for all students", *International Journal of Bilingual Education and Bilingualism*, *12*(1), 2009, 81–99.

Dorner, L., "Contested communities in a debate over dual-language education: The import of 'public' values on public policies", *Educational Policy, 25*(4), 2010, 577–613.

Elliott, A., "Muslim educator's dream branded a threat in the U.S", *New York Times*, abril 28, 2008.

Espinosa, L., *Early education for dual-language learners: Promoting school readiness and early school success*. Washington, D.C.: Migration Policy Institute, 2013.

Faruque, Cathleen Jo., *Migration of the Hmong to the Midwestern United States*, Lanham, Nueva York: University Press of America, Inc., 2002.

Fishman. J. (editor), *Handbook of language and ethnic identity*, Oxford, Reino Unido: Oxford University Press, 1999.

Fishman, J., *Bilingual education: An international sociological* perspective, Rowley, Massachusetts: Newbury House, 1976.

Flores v. Arizona. 160 F. Supp. 2d 1043 (D. Ariz. 2000).

Flores, N., Rosa, J., "Undoing appropriateness: Raciolinguistic ideologies and language diversity in education", *Harvard Educational Review*, 85, 2015, 149–171.

Flores, N., Baetens Beardsmore, H., "Programs and structures in bilingual and multilingual education", en W. Wright, S. Boun, O.García (Eds.), *Handbook of bilingual and multilingual education*, Oxford, UK: Wiley-Blackwell, 2015, 205–222.

Flores, N., "Creating republican machines: Language governmentality in the United States", *Linguistics and Education*, 25(1), 2014, 1–11.

Flores,   N.,   "Silencing   the   subaltern: Nation-state/colonial governmentality and bilingual education in the United States", *Critical Inquiry in Language Studies*, 10(4), 2013, 263–287.

Fortune. T., Tedick, D. (Eds.), *Pathways to multilingualism: Evolving perspectives on immersion education.* Clevedon, Inglaterra: Multilingual Matters, 2008.

Freeman, R. D., *Bilingual education and social change*, Clevedon, Reino Unido: Multilingual Matters, 1998.

Galush, William J., For More Than Bread: Community and Identity in American Polonia, 1880–1940. East European Monographs. Nueva York: Columbia University Press, 2006.

García, E. E., *Teaching and learning in two languages: bilingualism & schooling in the United States*, Multicultural Education, 2005.

García, O., *Bilingual education in the 21ˢᵗ century: A global perspective*, Oxford, Reino Unido: Wiley-Blackwell, 2009.

García, O., Kleifgen, J.A., *Educating Emergent Bilinguals: Policies, Programs, and Practices for English Language Learners*, Nueva York: Teachers College Press, 2010.

García O., Zakharia Z., Otcu, B., (editores), *Bilingual community education and multilingualism. beyond heritage languages in a global city*, Bristol, Reino Unido: Multilingual Matters, 2002.

García, O., Johnson, S.I., Seltzer, K., *The translanguaging classroom: leveraging student bilingualism for learning*, Filadelfia, Pensilvania: Caslon, 2016.

Genesee, F., Lindholm-Leary, K., Saunders, W., Christian, D. (Eds.), "Educating English language learners: A synthesis of research evidence", Nueva York: Cambridge University Press, 2006.

Ghazi Saidi L., Perlbarg V., Marrelec G., Pélégrini-Issac M., Benali H., Ansaldo A.I., "Functional connectivity changes in second language vocabulary learning", Brain Language, enero; 124 (1), 2013, 56-65.

Ghazi-Saidi, L., Ansaldo, A. I., "Can a Second Language Help You in More Ways Than One?" Artículo de comentario, AIMS Neuroscience, 2(1), 2015, 52-5.

Ghazi Saidi, L., Dash, T., Ansaldo, A. I. (en la imprenta), "How Native-Like Can You Possibly Get: fMRI Evidence in a pair of Linguistically close Languages", Edición especial, Language beyond words: the neuroscience of accent, Frontiers in Neuroscience, 9.

Goldenberg, C., Improving Achievement for English Learners: Conclusions from Two Research Reviews. *Education Week, 25 de julio, 2006.*

Goleman, D., *The Brain and Emotional Intelligence: New Insights*, Florence, Massachusetts, More than Sound, 2011.

Gómez, D. S., *Bridging the opportunity gap through dual-language education*, manuscrito no publicado, California State University, Stanislaus, 2013.

Gómez, L., Freeman, D., Freeman, Y., "Dual-language education: A promising 50-50 model", *Bilingual Research Journal, 29*(1), 2005, 145–164.

Gongolski, C., Cesarczyk, M., "Two languages, one home", *Greenpoint News*, 16 de septiembre, 2015.

Greene, J., "A Meta-Analysis of the Effectiveness of Bilingual Education", 1998.

Grosjean, F., *Bilingual: Life and reality*, Cambridge, Massachusetts: Harvard University Press, 2010.

Grosjean, F., *Life with two languages: An introduction to bilingualism*, Cambridge, Massachusetts: Harvard University Press, 1982.

Hakuta, K., *Mirror of language: The debate on bilingualism*, Nueva York, N.Y.: Basic Books, 1986.

Harris, E., "New York City Education Department to Add or Expand 40 Dual-Language Programs", *The New York Times*, 14 de enero, 2015.

Hélot, C., Erfurt, E., *L'éducation bilingue en France : politiques linguistiques, modèles et pratiques*, Rennes, Francia: Presses Universitaires de Rennes, 2016.

Howard, E. R., Christian, D., *Two-way immersion 101: Designing and implementing a two-way immersion education program at the elementary level*, Santa Cruz, California: Center for Research on Education, Diversity, and Excellence, University of California-Santa Cruz, 2002.

Howard, E. R., Sugarman, J., Christian, D., Lindholm-Leary, K., Rogers, D., *Guiding Principles for Dual-Language Education*, Segunda edición, Center for Applied Linguistics, 2007.

Howard, E., Sugarman, J., Coburn, C., *Adapting the Sheltered Instruction Observation Protocol (SIOP) for two-way immersion education: An introduction to the TWIOP*, Washington, D.C.: Center for Applied Linguistics, 2006.

Jaumont, F.; Ross, J.; Schulz, J.; Ducrey, L.; Dunn, J. (2017) "Sustainability of French Heritage Language Education in the United States" en Peter P. Trifonas and Thermistoklis Aravossitas (eds.), *International Handbook on Research and Practice in Heritage Language Education*, Nueva York, N.Y.: Springer, 2017

Jaumont, F., Le Devedec, B., Ross J., "Institutionalization of French Heritage Language Education in U.S. School Systems: The French Heritage Language Program" en Olga Kagan, Maria Carreira, Claire Chik (eds.), *Handbook on Heritage Language Education: From Innovation to Program Building*, Oxford, Reino Unido: Routledge, 2016

Jaumont, F., Cogard, K., *Trends and Supports on French Immersion and Bilingual Education in 2015*. Un reporte de los Servicios Culturales de la Embajada de Francia en Estados Unidos, 2016

Jaumont, F. "Life as Bilingual: A Conversation with François Grosjean", 2015.

Jaumont, F., Ross, J., "French Heritage Language Communities in the United States" en Terrence Wiley, Joy Peyton, Donna Christian, Sarah Catherine Moore, Na Liu. (eds.), *Handbook of Heritage and Community Languages in the United States: Research, Educational Practice, and Policy*. Oxford, Reino Unido: Routledge, 2014.

Jaumont, F., Ross, J., Building Bilingual Communities: New York's French Bilingual Revolution" in Ofelia García, Zeena Zakharia, and Bahar Otcu, (editors). *Bilingual Community Education and Multilingualism. Beyond Heritage Languages in a Global City* (pp. 232-246). Bristol, Reino Unido: Multilingual Matters, 2012.

Jaumont, F., Ross, J., French Heritage Language Vitality in the United States." *Heritage Language Journal.* Volume 9. Number 3, 2013.

Jaumont, F., The French Bilingual Revolution. *Language Magazine.* The Journal of Communication & Education, Junio 1, 2012.

Joint National Committee for Languages - National Council for Languages and International Studies.

Kagan, O., Carreira, M., Chik, C. (eds.), *Handbook on Heritage Language Education: From Innovation to Program Building*, Oxford, Reino Unido: Routledge, en imprenta, 2016.

Kay, K., "21st century skills: Why they matter, what they are, and how we get there", en J. Bellanca & R. Brandt (Eds.), *21st century skills: Rethinking how students learn*, Bloomington, Indiana: Solution Tree Press, 2010, (xiii– xxxi).

Kayyali, R. "The people perceived as a threat to security: Arab Americans since September 11", *Migration Policy.* Julio 1, 2006.

Kelleher, A., "Who is a heritage language learner?", *Heritage Briefs.* Washington, D.C.: Center for Applied Linguistics, 2010.

Keyes v. School Dist. No. 1, Denver, Colorado. 413 U.S.; 1973, 189.

Kleyn, T., Vayshenker, B., "Russian Bilingual Education across Public, Private and Community Spheres", en O. García, B. Otcu & Z. Zakharia (Eds.), *Bilingual Community Education and Multilingualism: Beyond Heritage Languages in a Global City*, Bristol, Reino Unido: Multilingual Matters, 259-271.

Kleyn, T., Reyes, S., "Nobody said it would be easy: Ethnolinguistic group challenges to bilingual and multicultural education in New York City", *International Journal of Bilingual Education and Bilingualism*, 14(2), 2011, 207-224.

Kleyn, T., "Speaking in colors: A window into uncomfortable conversations about race and ethnicity in U.S. bilingual classrooms", *GiST: The Colombian Journal of Bilingual Education*, 2008, 2: 13-23.

Lau v. Nichols, 414 U.S. 563; 1974.

Lauchlan, F; Parisi, M.; Fadda, R., "Bilingualism in Sardinia and Scotland: Exploring the cognitive benefits of speaking a 'minority' language", *International Journal of Bilingualism*, febrero 2013, primera publicación abril 16, 2012, 17: 43-56.

Leikin, M., "The effect of bilingualism on creativity: Developmental and educational perspectives", *International Journal of Bilingualism*, Agosto 2013, primera publicación marzo 28, 2012, 17: 431-447

Liebtag, E., Haugen, C., *Shortage of dual-language teachers: Filling the gap*, abril 29, 2015.

Lindholm-Leary, K.J., "Bilingual Immersion Education: Criteria for Program Development", *Bilingual Education: Issues and Strategies*, Padilla, A.M, Fairchild, H.H, & Valadez, C.M. (Eds.), 1990.

Lindholm-Leary, K. J., *Dual-language education*. Clevedon, Reino Unido: Multilingual Matters, 2001.

Lindholm-Leary, K.J., *Biliteracy for a Global Society: An Idea Book on Dual-Language Education*, Washington, D.C.: The George Washington University, 2000.

Lindholm-Leary, K. J., "Dual-language achievement, proficiency, and attitudes among current high school graduates of two-way programs", *NABE Journal*, *26*, 20–25, 2003.

Lindholm-Leary, K., "Success and challenges in dual-language education", *Theory Into Practice, Special Issue: Rethinking Language Teaching and Learning in Multilingual Classrooms, 51*(4), 2012, 256–262.

Lindholm-Leary, K., Genesee, F., "Student outcomes in one-way, two-way, and indigenous language immersion education", *Journal of Immersion and Content-Based Language Education, 2*(2), 2014, 165–180.

Lopez Estrada, V., Gómez, L., Ruiz-Escalante, J., "Let's make dual-language the norm", *Educational Leadership, 66*(7), 2009, 54–58.

McKay Wilson, D., "Dual-language programs on the rise. "Enrichment" model puts content learning front and center for ELL students", *Harvard Education Letter*, Volumen 27, Número 2, marzo/abril 2011.

Marian, V., Shook, A., Schroeder, S. R., "Bilingual two-way immersion programs benefit academic achievement", *Bilingual Research Journal, 36*, 2013, 167–186.

McCabe, A., et al., "Multilingual children: Beyond myths and toward best practices", *Social Policy Report, 27*(4), 2013.

Menken, K., García, O. (Eds.), *Negotiating language policies in schools: Educators as policymakers.* Nueva York, N.Y.: Routledge, 2010.

Menken, K., Solorza, C., "No child left bilingual: Accountability and the elimination of bilingual education programs in New York City schools", *Educational Policy, 28*(1), 2014, 96– 125.

Meyer v. Nebraska. 262 U.S. 390; 1923.

Millard, M., *State funding mechanisms for English language learners,* Denver, Colorado: Education Commission of the States, 2015.

Mitchell, C., "New York expanding dual-language to help its English learners", *Education Week, 34*(34), 7, junio 10, 2015.

Montague, N. S., "Essential beginnings for dual-language programs", *The TABE Journal, 8*18–25; 2005, 18–25.

Montone, C. L., Loeb, M. I., *Implementing two-way immersion programs in secondary schools,* Santa Cruz, California: Center for Research on Education, Diversity & Excellence, 2000.

National Commission on Terrorist Attack upon the United States. Julio 22, 2004. Government Printing Office.

National Standards Collaborative Board, *World-Readiness Standards for Learning Languages* (4th ed.). Alexandria, Vancouver: Author, 2015.

National Standards in Foreign Language Education Project, *Standards for foreign language learning in the 21st century,* Lawrence, Kansas City: Allen Press, Inc., 2006.

Nevel, D., "The Slow Death of Khalil Gibran International Academy", *Chalkbeat.* Abril 20, 2011.

New Visions for Public Schools. Center for School Success, Best Practices Series. Dual-Language Instruction, 2001.

New York City Department of Education, "Chancellor Fariña names 15 schools Model Dual-Language Programs", Comunicado de prensa, diciembre 03, 2015.

New York City Department of Education, "Office of School Quality, Division of Teaching and Learning", Reporte de reseña de calidad – High School for Dual Language and Asian Studies, 2015.

New York State Department of Education, "Part 154 services for pupils with limited English proficiency. Subpart 154-1 services for pupils with limited English proficiency for programs operated prior to the 2015-2016 school year", 2014.

Nicoladis, E, and Genesee, F., "Parental discourse and code-mixing in bilingual children", *International Journal of Bilingualism*, 1998, 2.1:422-432.

Ó'Murchú, H., *The Irish language in education in the Republic of Ireland*. European Research Centre on Multilingualism and Language Learning, 2001.

Otcu, B., *Language Maintenance and cultural identity formation*. Saarbrucken: VDM Verlag Dr. Muller, 2010.

Otcu, B., "Heritage language maintenance and cultural identity formation: The case of a Turkish Saturday school in New York City", *Heritage Language Journal*, 7(2) Otoño, 2010.

Paciotto, C., Delany-Barmann, G., "Planning micro-level language education reform in new diaspora sites: Two-way immersion education in the rural Midwest", *Language Policy*, *10*(3), 2011, 221–243.

Palmer, D., "A dual immersion strand programme in California: Carrying out the promise of dual-language education in an English-dominant context", *International Journal of Bilingual Education and Bilingualism*, 2007, *10*(6), 752–768.

Palmer, D., "Race, power, and equity in a multiethnic urban elementary school with a dual-language 'strand' program", *Anthropology & Education Quarterly*, 2010, *41*(1), 94–114.

Parkes, J., Ruth, T. (con Angberg-Espinoza, A., y de Jong, E.), *Urgent research questions and issues in dual-language education*, Albuquerque, Nuevo México: Dual-Language Education of New Mexico, 2009.

Parkes, J., Ruth, T., "How satisfied are parents of students in dual-language education programs? 'Me parece maravillosa la gran oportunidad que le están dando a estos niños.'", *International Journal of Bilingual Education and Bilingualism*, 2011, *14*(6), 701–718.

Phillips, J. K., Abbott, M., *A decade of foreign language standards: Impact, influence, and future directions*. Alexandria, Vancouver: American Council on the Teaching of Foreign Languages, 2011.

Porras, D. A., Ee, J., Gandara, P. C., "Employer preferences: Do bilingual applicants and employees experience an advantage?" En R. M. Callahan & P. C. Gándara (Eds.), *The bilingual advantage: Language, literacy, and the labor market* (pp. 234–257). Clevedon, Reino Unido: Multilingual Matters, 2014.

Porter, R. P., *Forked Tongue: The Politics of Bilingual Education*. New Brunswick, Nueva Jersey: Transaction Publishers, 1996.

Ramirez, J. D., Yuen, S. D., Ramey, D. R., Pasta, D. J., *Executive Summary. Final Report: Longitudinal Study of Structured English Immersion Strategy, Early-Exit and Late-Exit Transitional Bilingual Education Programs for Language Minority Children*, San Mateo, California: Aguirre International, 1991.

Reyes, L., The *Aspira Consent Decree. A Thirtieth-Anniversary Retrospective of Bilingual Education in New York City*, Harvard Educational Review, Edición de otoño de 2006.

Rhodes, N. C., Pufahl, I., *Foreign language teaching in US Schools: Results of a national survey*. Washington, D.C.: Center for Applied Linguistics, 2010.

Ricciardelli, L. A., "Creativity and Bilingualism", *The Journal of Creative Behavior*, 1992, 26: 242–254.

Robinson, K., "Creative schools: The grassroots revolution that's transforming education", Nueva York, Nueva York: Viking, 2015.

Rosenback, R., *Bringing Up a Bilingual Child*, Croydon, Reino Unido: Filament Publishing, 2014.

Rossell, C. H. y K. Baker, "The Educational Effectiveness of Bilingual Education.", *Research in the Teaching of English* 30, no. 1, febrero 1996, 7-74.

Sandhofer, C., y Uchikoshi, Y., "Cognitive consequences of dual-language learning: Cognitive function, language and literacy, science and mathematics, and social-emotional development", en F. Ong y J. McLean (Eds.), *California's best practices for young dual-language learners: Research overview papers*, Sacramento, California: California Department of Education, 2013, 51–89.

Sandy-Sanchez, D., "Secondary dual-language guiding principles: A review of the process", *Soleado*, 8; 2008.

Santos, M., Darling-Hammond, L., y Cheuk, T., *Teacher development appropriate to support ELLs*, Stanford, California: Understanding Language, 2012.

Saunders, W., y O'Brien, G., "Oral language", en F. Genesee, K. Lindholm-Leary, W. Saunders, & D. Christian (Eds.), *Educating English language learners: A synthesis of research evidence* (pp. 14–63). New York, NY: Cambridge University Press, 2006.

Scanlan, M., Palmer, D., "Race, power, and (in) equity within two-way immersion settings", *The Urban Review*, 2009, *41*(5), 391–415.

Semple, K., "A Big Advocate of French in New York's Schools: France", *The New York Times*, enero 30, 2014.

Serna v. Portales Municipal Schools. 351 F. Supp. 1279 (1972)

Silberstein, R., "New York's first Italian dual-language preschool coming to Bensonhurst", enero 30, 2015. *Bensonhurst Bean.*

Soltero, S. W., *Dual-language education: Program design and implementation*, Portsmouth, New Hampshire: Heinemann, 2016.

Stein-Smith, K., *The U.S. Foreign Language Deficit. Strategies for Maintaining a Competitive Edge in a Globalized World*, Nueva York, N.Y.: Palgrave-Macmillan, 2016.

Stein-Smith, K., *The U.S. Foreign Language Deficit and Our Economic and National Security: A Bibliographic Essay on the U.S. Language Paradox*, Edwin Mellen Press, NY, 2013.

Tedick, D. J., Bjorklund, S., (Eds.), "Language immersion education: A research agenda for 2015 and beyond", *Journal of Immersion and Content-Based Language Education*, 2, 2; 2014.

The National Center for Research on Cultural Diversity and Second Language Learning, *Learning Together: Two-Way Bilingual Immersion Programs*. Video. Producido por Jon Silver, 1996.

Thomas, W. P., y Collier, V. P., "The Astounding Effectiveness of Dual-Language Education for All", NABE *Journal of Research and Practice*, 2:1. Invierno de 2004.

Thomas, W. P., Collier, V. P., "Two languages are better than one", *Educational Leadership*; 1997/1998, 55(4), 23–26.

Thomas, W. P., Collier, V. P., "Accelerated schooling for English-language learners", *Educational Leadership*, 1999, 56(7), 46–49.

Thomas, W. P., Collier, V. P., "A national study of school effectiveness for language minority students' long-term academic achievement", Santa Cruz, California: Center for Research on Education, Diversity, and Excellence, University of California-Santa Cruz, 2002.

Thomas, W. P., Collier, V. P., *Language Minority Student Achievement and Program Effectiveness: Research Summary of Ongoing Study*, George Mason University, 1998.

Tochon, F. V., "The key to global understanding: World Languages Education—Why schools need to adapt", *Review of Educational Research*; 2009, 79(2), 650–681.

Torres-Guzmán, M., Kleyn, T., Morales-Rodríguez, S., Han, A., "Self-designated dual-language programs: Is there a gap between labeling and implementation?", *Bilingual Research Journal*; 2005, 29(2), 453–474.

U.S. Department of Education, Office of English Language Acquisition, Dual-Language Education Programs: Current State Policies and Practices, Washington, D.C., 2015.

U.S. Department of Education, Office for Civil Rights, and U.S. Department of Justice, Civil Rights Division. (2015). *Dear colleague letter, English learner students and limited English proficient parents*. Washington, D.C.: Author.

U.S. News Report High School Rankings: High School for Dual Language and Asian Studies.

Utah Senate, International Education Initiatives – Critical Languages (Senate Bill 41), 2008.

Wall, P., "City to add dozens of dual-language programs as they grow in popularity", *Chalkbeat*. Abril 4, 2016.

Warhol, L., Mayer, A., "Misinterpreting school reform: The dissolution of a dual-immersion bilingual program in an urban New England elementary school", *Bilingual Research Journal*; 2012, 35(2), 145–163.

Wiley, T., Peyton, J., Christian, D., Moore, S.C., Liu. N. (eds.), *Handbook of Heritage and Community Languages in the United States: Research, Educational Practice, and Policy*, Oxford, Reino Unido: Routledge, 2014.

Willig, A., "A meta-analysis of selected studies on the effectiveness of bilingual education, *Review of Educational Research*, 1985, 55, 269-317.

Wright, W., *Foundations for Teaching English Language Learners: Research, Theory, Policy, and Practice*. Filadelfia, Pensilvania: Caslon, 2015.

Yang Su, E., *Dual-language lessons growing in popularity*. Emeryville, California: California Watch, 2012.

Zakharia, Z., "Language, conflict, and migration: Situating Arabic bilingual community education in the United States", *International Journal of the Sociology of Language*; 2016, 237: 139–160.

Zakharia, Z., Menchaca Bishop, L., "Towards positive peace through bilingual community education: Language efforts of Arabic-speaking communities in New York", en Ofelia García, Zeena Zakharia & Bahar Otcu (eds.), *Bilingual community education and multilingualism: Beyond heritage languages in a global city*, Bristol, Reino Unido: Multilingual Matters, 2013, 169–189.

Zanoni, C., "Principal Miriam Pedraja teaches Uptown children two languages at a time", *DNAInfo*. Abril 16, 2012.

Zeigler, K., Camarota, S., "One in Five U.S. Residents Speaks Foreign Language at Home", Center for Immigration Studies, octubre, 2015.

Zimmer, A., "How Schools' French Dual-Language Programs Are Changing NYC Neighborhoods", *DNAInfo*, mayo 26, 2015.

ÍNDICE TEMÁTICO

ÍNDICE TEMÁTICO

INFORMACIÓN

SOBRE EL AUTOR

Fabrice Jaumont nació en Francia y se mudó a Estados Unidos en 1997 después de obtener su título de maestría en Enseñanza del Inglés como Lengua Extranjera por la Universidad de Normandía. Tras servir como vínculo de educación para el consulado francés en Boston —tiempo en el que tuvo la oportunidad de visitar numerosas escuelas del país—, trabajó como Director de las escuelas Media y Superior de la International School of Boston.

Desde 2001 ha ocupado en la Embajada de Francia en Estados Unidos un puesto desde el que supervisa el desarrollo de la educación bilingüe y los idiomas heredados en escuelas públicas del área de Nueva York. También es Funcionario de Programa de la French-American Cultural Exchange Foundation, y fundador/editor en jefe de la plataforma electrónica New York in French.

Asimismo, antes de mudarse a Estados Unidos fue instructor de Idiomas del Secretariado de las Naciones Unidas, Conferencista en el Trinity College de Dublin y Profesor Adjunto en el National College de Irlanda. En 2014 obtuvo su doctorado en Educación Internacional—Desarrollo Internacional por la Universidad de Nueva York.

Fabrice Jaumont ha diseñado y desarrollado con éxito una amplia gama de programas educativos en Estados Unidos, donde también se ha dirigido a e involucrado con las comunidades para desarrollar programas bilingües en las escuelas estadounidenses. En 2014 el periódico New York Timesle otorgó el sobrenombre de "padrino de los programas de inmersión de idiomas".

Como reconocimiento a su labor en las áreas de la educación bilingüe y multilingüe, en 2012 fue nombrado Caballero de la Orden Nacional de las Palmas Académicas del Gobierno de Francia; en 2015 recibió la Medalla de Reconocimiento del Comité Estadounidense de Sociedades Francófonas; y en 2016, el Premio Francófono de la Organización Internacional de la Francofonía.

Jaumont es autor del libro Unequal Partners: American Foundations and Higher Education Development in Africa (Palgrave-MacMillan, 2016, el cual se enfoca en el papel de la filantropía en la educación, y en la influencia de las fundaciones estadounidenses en las universidades de los países en desarrollo. Vartan Gregorian, Presidente de Carnegie Corporation de Nueva York, escribió el prólogo de dicho libro.

En 2016 Fabrice Jaumont fue nombrado Senior Fellow de la Fondation Maison des Sciences de l'Homme (FMSH) Humanitarian Studies Platform. Su proyecto de investigación se centra en el papel de la filantropía estadounidense en el desarrollo de la educación internacional.

Para conocer más, visite el sitio

fabricejaumont.net

TBR Books

TBR Books es la rama editorial de Center for the Advancement of Languages, Education and Communities. Publica informes de investigación, libros, ensayos y trabajos monográficos con un enfoque en ideas innovadoras para la educación, los idiomas y el desarrollo cultural.

TBR Books se enfoca en autores con ideas revolucionarias para la cultura, la educación y el desarrollo humano.

La Revolución Bilingüe está disponible en árabe, francés, alemán, ruso y español.

Para obtener una lista de los libros publicados por TBR Books, visite nuestro sitio en

tbr-books.com

calec

THE CENTER FOR THE ADVANCEMENT
OF LANGUAGES, EDUCATION,
AND COMMUNITIES

Center for the Advancement of Languages, Education and Communities es una organización sin fines de lucro enfocada en el multilingüismo, el entendimiento intercultural y la divulgación de ideas. Nuestra misión es transformar vidas ayudando a las comunidades lingüísticas a diseñar programas innovadores, y apoyando a los padres y los educadores por medio de la investigación, publicaciones, tutoría, y vinculación.

A través de nuestros programas insignia, presentados a continuación, hemos podido atender a muchas comunidades. También apoyamos a padres y educadores interesados en impulsar a las comunidades, las lenguas y la educación. Participamos en eventos y conferencias que promueven el multilingüismo y el desarrollo cultural. Ofrecemos asesoramiento para educadores y líderes escolares encargados de la implementación de programas multilingües en sus escuelas. Para más información y formas de apoyar nuestra misión, visite

www.calec.org

SOBRE PLI SELON PLI

Projet Échange nace como un esfuerzo para contrarrestar la hegemonía de la cultura anglosajona en el mundo. Se trata de una iniciativa para difundir la literatura y las músicas improvisadas y contemporáneas de Francia. La agencia literaria Pli selon pli, su rama literaria, se enfoca en actividades alrededor de la literatura como disciplina independiente, pero dada la naturaleza del proyecto general, también produce eventos interdisciplinarios alrededor del libro. La labor de Pli Selon Pli se ha centrado durante varios años en la gestión para la publicación en México de libros de autores franceses y francófonos en general.

Uno de los objetivos principales de Pli selon pli es dar a conocer entre los lectores mexicanos y latinoamericanos la riqueza de la tradición literaria francesa y sus diversas manifestaciones en la obra de los autores contemporáneos. Estos esfuerzos se cristalizarán en 2019 con la publicación en el país de una primera serie de libros de ficción juvenil francesa. Asimismo, Pli selon pli busca incrementar la cantidad de obras traducidas del francés al castellano, y de esa manera, ayudar a los traductores mexicanos del francés a desarrollarse dentro de su verdadero campo de especialización.

Pli selon pli promueve la francofonía, el bilingüismo, el multilingüismo, la cultura literaria y la cultura en general a través de actividades estratégicas como lecturas interdisciplinarias, talleres de traducción, presentaciones de libros y, específicamente, con traducciones originales, como es el caso de La revolución bilingüe del señor Fabrice Jaumont. Pli selon pli se enorgullece de colaborar con el proyecto de propagación del bilingüismo y el multilingüismo que propone The Bilingual Revolution, y de esa manera, se suma a un esfuerzo trascendente en el campo de la educación y la cultura a nivel internacional.

projetechange.art

www.ingramcontent.com/pod-product-compliance
Lightning Source LLC
Chambersburg PA
CBHW070029100426
42740CB00013B/2639